中国当代美学家文论家评传

王岳川　主编

被幽囚的普羅密修士

（希臘悲劇）

埃斯基拉 原著
楊晦 譯

這是三年前的舊譯。譯的時候在天津，所根據的是「世界名著」中堪培爾的英譯本，同時也還參考過 Blackie 的和 Potter 的兩種。因為這些都是韻文的，所以當時也就寫成了分行的形式。我們現在的新詩的創造，離完成自然還有一段道路，關於韻文的翻譯，似乎以忠實而多少含有詩意的散文為最適宜，次則只好但求忠實。因此，又根據 Smyth 的散文譯本改譯成下邊的這樣的形式。

希臘文是最難譯的，據說，尤其是埃斯基拉的悲劇，因為原文太雄偉了。現在這不懂希臘文的的轉譯自然是不會滿意。——最高限度也不過是過渡時代的一種方便而已。所希望的是能以引起少數企讀他種譯本或是更進而作希臘文之研究，那就譯文醜劣，聊足補過了。

中国当代美学家文论家评传

王岳川 主编

杨晦评传

詹冬华◎著

黄山书社

图书在版编目(CIP)数据

杨晦评传 / 詹冬华著. —合肥:黄山书社,
2016.8
(中国当代美学家文论家评传)
ISBN 978-7-5461-5400-8

Ⅰ.①杨… Ⅱ.①詹… Ⅲ.①杨晦(1899~1983)
–评传 Ⅳ.①K825.6

中国版本图书馆 CIP 数据核字(2016)第 007918 号

杨 晦 评 传
YANGHUIPINGZHUAN

詹冬华 著

策　　划　汤吟菲　朱莉莉
责任编辑　江　汇
装帧设计　未　氓
出版发行　时代出版传媒股份有限公司(http://www.press-mart.com)
　　　　　黄山书社(http://www.hspress.cn)
地址邮编　安徽省合肥市蜀山区翡翠路 1118 号出版传媒广场 7 层 230071
印　　刷　安徽国文彩印有限公司
版　　次　2016 年 8 月第 1 版
印　　次　2016 年 8 月第 1 次印刷
开　　本　700mm × 1000mm　1/16
字　　数　150 千
印　　张　12.5
书　　号　ISBN 978-7-5461-5400-8
定　　价　38.00 元

服务热线　0551-63533706
销售热线　0551-63533761
官方直营书店(http://hsssbook.taobao.com)

总　序

近百年来，中国美学文论学在西方现代性与后现代性的不断扩张中，艰难地生产着自己的文化和美学新思维，在欧风美雨中不断吐纳吸收的同时变更着自己的美学文艺学立场。然而，当美学和文论边界不断扩大化的时候，中国美学文论身份却出现了辨识上的危机。中国美学家文论家的集团没有形成，甚至可以说在长达一个世纪之内，学者们在一个一个地细读、消化、评论西方美学家文论家，却没有看到中国美学文论界整体性地对中国百年来的美学家文论家加以整体研究的著作。

尤为严重的是，中国美学界文论界在对整个西方美学界文论界加以研究的时候，已经从宏观研究进入到微观研究层面，对西方古典美学家文论家、西方近现代美学家文论家、西方后现代美学家文论家的研究著作已多不胜数，而整个西方对中国美学家文论家的了解和研究却几乎是空白。这种文化美学上的不对等性，导致中西美学界文论界产生了巨额的“文化赤字”。这种“文化赤字”可能引发的“文化战争”危险,迄今仍然没有引起学术界的高度重视。

一、中国美学家文论家需在国际话语中重建身份

作为大国崛起的中国,其当代美学文论的前沿话语是同整个世界前沿话语相连的。中国面对世界,世界不可能背对中国。东方大国的美学文艺学在失去自我身份后亟需重新反省并获得自我身份:在经历了一个世纪的西化浪潮之后重新检讨中国美学的精神价值取向,从全盘西化的美学文论研究的盲视中走出来,重新以“走近经典”的文化高度和精神厚度,审视中西文化深层对话时代中的中国美学文论身份;从西方美学文论的中国化到中国美学文论经验的世界化的转型中,关注文化创新与文学理论创新的同步性,进而守正创新——“走近经典”并“创新经典”。

不同的价值立场使得在全球范围内出现了文化宗教层面的反全球化的多元文化主义潮流。多元文化伴随着人类历史而发展:中国文化传统、希腊

文化传统、希伯来文化传统、阿拉伯伊斯兰文化传统、非洲文化传统等多种文化不断消长,此起彼伏地影响着人类社会的进程。整体性现代社会正在发生大分裂,世界正在走向新的多元化、多样化。

当代西方文论的全球扩张,深层原因是西方现代性与后现代性的全球播撒。现代性使当代西方艺术具有了文化霸权的话语平台。现代性与科技发明和殖民主义相关,短短200年就使得西方成为世界霸主。但反过来,现代性也让西方和世界深受其害。因为在现代性发展和大国崛起的几百年历史中,世界告别了“王道”而成就了“霸道”,最终导致两次世界大战并走近第三次世界大战的边缘。于是审美现代性、后现代性开始放弃价值升华的追求,现代艺术家开始感受世界堕落般的“恶心”。艺术家堕入了虚无主义、悲观主义和文化失败主义的泥潭,对人类后殖民未来充满了悲观意绪。

西方乘着全球化的翅膀开始了文化霸权的飞翔。霸权是一种在文化领域中争夺“领导权”或“控制权”的话语,将历史上属于某个阶级的意识形态扩张化,使之成为人类对西方话语权力的普遍认同。于是,话语权力不是作为强权而是作为权威而得到行施,人们的精神文化生活在不知不觉中被政治化。人类在价值崩溃中彻底地世俗化,人类精神生态失衡已经习焉不察地成为意识形态符码。

当然,在一个相互交织并消解冷战思维模式的共存时代,如果没有西方“他者”的“镜像”,我们就无法清晰地审视中国文化的“自我”。通过文化镜像深度的自我审视,将有助于把东西方文化的对抗转化为不同文化体制的创造性互动,从而使本土性真正与全球性获得整合,使中国文论创新在不断明晰丰富和深度拓展中,推进“中国形象”的立场定位。

二、从西方文论中国化到中国文论经验的世界化

全球化格局下的文学理论以建构多元多样性诗学为己任，这种多元文化观将使“汉语学界”突破西方文论的单一知识框架，重新审视东方文学传统中的文化理念和文学观念，关注中国文学在新的世界格局中的现代性诗学特征，并通过对差异性文化精神的体认，获得更为宽松多元的文化差异性结论。

事实上，在文化美学领域中国际惯例不是西方惯例，游戏规则不应该由西方单边建立；国际惯例是世界共同创造的，游戏规则是东西方共同建立的。中国美学文论应该参与到建立游戏规则的过程中去，而不能“他者”建立了规则，东方大国仅仅去遵守。只有这样，当代理论家才能不在传统和现代之间徘徊犹豫，才能不用再按照西方模式亦步亦趋，而是摆脱了模仿西方的兴趣，打破西方艺术的惯例，开始以自己的方式在精神生态中寻找中国式的文论光辉和美学神采。

当代中国美学文论流派原创、范畴创新、体系“守正创新”应该提到议事日程上来了。在中国现代性经验没有进入国际大循环，没有成为人类经验的一部分，没有引起世界充分关注的时候，中国文论“守正创新”势在必行。

三、在“守正创新”中整体展示中国美学文论大家

在全球化后现代语境中，新世纪中国文论应在当代文论流派众多的话语角逐中，超越西化跟潮的流派横向移植，超越“五四情结”的现代性诉求，

在全球化文化互动中从事中国美学播撒和新理论输出，形成中西双向的“理论旅行”。一种对等互动的“旅行”，使本土文化艺术和理论反思能够真实地发生和生成在这片厚土之中，完成从一个世纪的拿来主义之后的“文化输出”。在美学文论创作方式、本体结构、接受方式、传播机制、价值功能等方面都产生转变的时代，真正的美学文论前沿践行者，当通过自己的笔歌墨唱，为21世纪中国美学文论的自我创新和输出提供坚实的文化观念和价值重建地基。

走近经典为了继承，创意经典为了图新，美学图新为了精神原创，这表达了我对中国美学文论界整体高于并超越前人的美学观念、美学形态、文论方法、文论传播的某种文化期待。“守正创新”是生命精神喷发状态，而“原创力”是文化软实力，可以表征美学文论新的大国形象。

当代美学家文论家努力的方向是文论原创性，只有真正走近经典的美学家文论家才有可能成为时代美学文论大家，也只有不断创出新经典的原创型美学家文论家才有可能成为时代美学文论大家。可以说，在当代西方美学文论研究了30年以后，应推出一大批不断创新的中国美学文论精英。只有中国美学文论大家的国际影响力提升了，才可能从发现东方文化的精髓到推出一个新的理念——中国文论的文化输出！美学文论国际互动是新世纪中国文论的文化战略，这意味着，新世纪美学文论不仅是中国的，也应该“走出去”而成为世界的！表明从本土主义文化出发应该提出世界主义的美学文论观。

最后需要说明的是，在高水平开创性学术丛书出版困难的时期，黄山书社决定推出这套《中国当代美学家文论家评传》，令人感佩。首批推出朱光潜、宗白华、杨晦、季羡林、王元化、蒋孔阳、李泽厚、钱中文、胡经之、童庆炳等十位中国当代美学家文论家的评传。评传在“评”的方面突出对所评专家学术成果的评介,在“传”的方面则尽可能地钩沉出所评专家一些鲜为人知的人生趣事,使其呈现出浓郁的生活气息。通过丛书的出版,力求打破多年来在中西方文化交流中,中国对国外思想家了解较多,而国外对中国当代思想家却知之甚少的局面,为中国当代“文化输出”做一些推动性工作。

这套丛书的出版,不仅可以使相关领域的研究者能对这些经历了20世纪欧风美雨的中国美学家文论家的精神世界有更深入的了解,也能让更多的读者领略和认识这些跨世纪美学大家的审美风采,从而推动新世纪中国当代美学文艺学研究的国际化。

是为序。

王岳川

2015年1月8日于北京大学

目 录

自　序

世人总是健忘的，而文字是医治遗忘的最好良药。

说起杨晦，不要说圈外，就是圈内，估计知道其名的人不在多数。杨晦逝世后，他的生前好友臧克家先生在回忆文章《溯往事，六十年——追忆杨晦先生》中说："杨先生，做事不求人知，文章写得少，青年一辈几乎不知道杨晦先生的为人和他为新文艺事业做出的贡献了。"如今又过去二十余载，无论人事还是学术，总免不了新桃换旧符的时代变迁。因此，杨晦的人生学术，似乎更是湮没无闻。好在 1999 年，恰逢杨晦诞辰一百周年，北大中文系文艺理论教研室主持召开了杨晦诞辰一百周年纪念会，其生前好友、同事、学生汇聚北大，共同缅怀这位世纪学人。然而，近十年来，学界关于杨晦生平及学术思想的研究仍是寥寥，始终未见有学术评传或研究专著出现。20 世纪 80 年代，胡乔木曾经用"半生寂寞"来概括新中国成立以后杨晦的生活。或许是因为这一点，杨晦的寂寞仍在延续，直到现在。2009 年，北京大学中文系王岳川先生亲自担纲主编，拟推出"中国当代美学家文论家评传"丛书。该从书选取了十位当代中国文论及美学大家作为传主，杨晦位列其中。业师王岳川先生安排我来写《杨晦评传》，这对我来说是一个非常难得的锻炼机会，同时也深感导师的良苦用心。所以，我决意不揣浅陋，竭尽所能去完成这一项重要的学术任务。

其实，杨晦是不寂寞的。五四运动时期，他与许德珩等人最先冲进赵家楼，痛打章宗祥，火烧赵家楼，成就了一段辉煌的历史。20 世纪 20 年代以后，他与陈炜谟、陈翔鹤、冯至创办沉钟社，这是鲁迅所说的“中国的最坚韧，最诚实，挣扎得最久的团体”。这个时期，杨晦既搞戏剧创作，又从事翻译工作。他的“散文诗”般的独幕短剧感动了不少人，在当时的文坛上占有一席之地；他的外国文学译介，填补了当时中国翻译界的某些空白。40 年代，我们看到的是一个作为民主爱国的文艺战士与眼光独到的批评家的杨晦。这段时期，杨晦可谓“活人多矣”，许多爱国进步师生都受到过他的保护。在批评方面，杨晦成绩斐然，他的“明确而精细”的批评让老同学朱自清大为激赏。从 40 年代中后期到整个 50 年代，是杨晦文艺理论思想的成熟期，他提出的文艺“公转”“自转”理论以及他对当时现实主义理论的清醒反思为后来者提供了极有价值的理论启示，被誉为中国现代文论的拓荒者。50 年代末开始，他转向了中国文艺思想史和元曲的研究，尤其是其关于创建中国文艺思想史学科的设想,气魄甚伟,构架宏大,直接促成了北京大学古代文论学科的建立和发展。新中国成立后,杨晦担任了十多年的北京大学中文系主任,培养了一大批重量级的学术人才。杨晦可谓桃李天下,弟子三千,为新中国的教育事业立下了汗马功劳。

杨晦与20世纪同龄,他的一生见证了中国现代史上历次重大的社会变革,也见证了现代中国的学术演变历程。然而《杨晦评传》并不容易写。由于年代久远,许多重要的文献资料皆散佚难觅,比如《沉钟》周刊及半月刊、杨晦的部分译作,当时印数很少,搜集起来颇为不易。特别是杨晦大学以前的生平事迹,无法知晓详情。好在本丛书的主旨是要突出传主的学术思想及贡献,生平介绍主要为学术思想服务。所以,本书并不过分倚重那些细节性的生平经历,而是以考察传主各时期的重要活动以及学术实绩为主要内容;在细读各类文本的基础上,对传主的剧作、翻译、批评、理论等方面的创作、学术经历和成果进行重点评述,中间穿插传主的重要活动事迹,并突出传主各个时期的学术思想及其影响。

这本小书记下了我对杨晦先生学问人生的一些粗浅感受,不敢奢望它能够尽显前贤的人生风采和学术精神。如能够再次唤起人们的记忆,去关注这位被历史的烟尘遮盖多年的世纪学人,则足矣。

是为序。

2012年3月23日

第一章　大地之子

一、幸福童蒙

自北向南、绵延而下的辽河将整个辽宁分为东西两部分，沿着辽河往南的丘陵地带之间，有一块地势由高渐低的冲积平原，属辽河平原。这个地方地势低平，是一个沉降区，流经这里的有辽河、太子河、浑河等，河流的中下游水流缓慢，多河曲和沙洲，港汊纵横，淤积严重，河床不断抬高，所以，每到汛期常导致排水不畅或河堤决溃，酿成洪涝灾害。沈阳往南约 60 公里，有一条自西南向东流的太子河，这条河穿过辽阳。辽阳在辽东半岛以北，气候受海洋影响较大，全年气候温和、湿润，四季分明。

1899 年 3 月 25 日，杨晦出生在辽宁省辽阳县小营盘村的一个普通的农民家庭。杨晦原名杨兴栋，号慧修。杨晦的村庄离辽阳县城有四五十里远，比较荒僻，也比较闭塞。这里的人们祖祖辈辈守候在自己的土地上，过着平静安闲的日子。辽阳气候宜人，土地肥沃，每到夏秋之交,漫山遍野的高粱、大豆、水稻覆盖了整个大地。行走在乡间小路上,两边是一丈多高的高粱,鸡蛋粗的秆子,密密的叶子,一尺多长、碗口粗的穗子,让你感觉到像是行走在丰林茂草的原野上一样。一到秋天,家家都是高高堆起来的谷垛,粮仓里面填满了高粱、大豆。所以,在这里,只要有"人手",生活是不用愁了。只要有三五弟兄,无论是替人做长工,还是租地来种,人不傻不懒,不好吃不爱赌,要不了几年工夫,就会稍有积蓄。一个贫农的家庭,经过十年或者几十年的勤苦奋斗,可以白手起家,最后成为地主。比如一个农民,儿童时代替人放猪,青年时期替人种田,到晚年就家业有成了。但是,等到他的儿子们一分家,用不了几年家产就会耗光,而他们再也不能做勤劳的农民,往往游手好闲,混日子过。只有到下一代,这种情形才会有所改变。有些中上等的地主家庭,家资比较殷实,不会很快败落下来。而他们的子孙就更没有出路,他们既不愿读书,也不愿种地,最后变成"土少爷"。所以,这里基本上没有什么文化氛围。大家都是地地道道的农民。由于观念守旧,思想也不可能活泛,大家都没有追求功名的愿望。一般的看法是,无论是种田还是学手艺,或是经商、做官、教书,最终的目的都是为了赚钱,等有了钱,就买房置地,或是吃利息。当然,对于那些土少爷而言,出去谋生赚钱都省了,反正家里有饭吃,大部分人不愿意出门。所以东北有句流行的话:“此处不养爷,还有养爷处;到处不养爷,大爷回家住。”①

杨晦还有一个弟弟和一个妹妹,家庭的“人手”应该不算少,如果一心务农,吃饭是不用担心的。杨晦的父母都是文盲,但是颇有远见,希望儿子能够出人头地。当时很多亲友都不赞成让杨晦读书,他的父母却不顾这些,想尽一切办法让杨晦走进学堂。1907 年,杨晦 8 岁,正好本村有私塾,杨晦就跟着私塾先生念《百家姓》《三字经》《唐诗三百首》等。杨晦一开始就表现出对文学的极大兴趣。老师教过的东西他很快就能背下来,老师自然很喜欢。杨晦的父母心里很是高兴。儿时的杨晦,想象力非常丰富,家乡美丽的景色总能引起他幼小心灵的无限遐想。每当冬天下雪的时候,杨晦很喜欢趴在家里的窗户上看窗玻璃。对杨晦来说,这块玻璃简直太奇妙了,它不但可以透光,可以瞭望外面的风景,可以窥视太阳的影子,在下雪天或者寒冷的早晨,玻璃上还可以形成各种各样的图案,就像银幕一般。杨晦看着这些图案和景象,产生过许多幻想和痴念,也有许多解不开的疑问。不过是一尺见方大的一块玻璃,上面结了一层二分厚的霜雪,上面有山岭,有树木,也有各种花草人物等形象,比夏天的云的样式还要多。这种想象力的陶冶对杨晦后来的文学创作乃至造型艺术研究都有一定的影响。

二、忧患少年

家乡的贫苦,使得杨晦在很小的时候就有一种危机感和忧患意识。这种忧患意识不是来自社会现实,而是来自大自然季节的变换。东北的气候四季变化很明显,也很快。等到深秋时节,冬天的威胁就紧跟而来了。这个

①杨晦:《流亡、〈流亡曲〉与我的故乡》,吴泰昌编《杨晦选集》,上海文艺出版社 1987 年版,第 474 页。

时候,杨晦喜欢站在自家的院子里或者空场上,望着那满天的星斗、银河斜转的景象。一阵阵寒意袭来,杨晦浑身一颤,感觉到秋天将尽,冬天很快就要到来,这应该是人们准备衣食以度寒荒的时候了。

在本村的私塾读了两年,杨晦就转到了邻村八家子读初小;第二年,又转到了小烟台镇读初小和高小。1911 年 10 月 10 日,辛亥革命在湖北武昌爆发了。革命的燎原之火迅速蔓延到东北,11 月 17 日,商震、程起陆、祁耿寰、徐镜心、石磊等人到辽阳组织武装起义。商震与时任辽阳警察教练所教官徐景清交厚,又通过徐的警察学员发展了革命队伍约 200 余人,并正式登记造册,成为革命青年。他们计划 1911 年底起事,以辽阳高丽门外的郭家店为聚合地点,与刘二堡的徐景清里应外合,一举攻下辽阳,并号召全省起事。不料事情被时任奉天巡防营前路统领张作霖探知,将此事告知东三省总督赵尔巽。赵尔巽立即下令进行围剿镇压,商震因事先得到消息,被成功转移,但多数起事的革命志士在高丽门外被逮捕杀害,辽阳起义失败①。

这个时候,杨晦已经有 12 岁,虽然他还弄不懂这么多人联合起来斗争的意义,但在他幼小的心灵上也留下了深刻的烙印。杨晦读书很用功,尤其是国文,成绩很拔尖。在他 14 岁的时候,高小还没有毕业,他就自己跑出来,以国文第一名的成绩考入了刚成立不过两三年的辽阳县立中学。杨晦在自传里说:"在中学时代,国家的内忧外患对我刺激很大。"②杨晦读中学的第二年,亦即 1914 年,第一次世界大战爆发了。就在这一年,日本利用西方列强无暇东顾的时机,极力扩大对华侵略,向德国宣战,以获得德国在中国山东的权益,并出兵占领青岛。第二年,又胁迫袁世凯接受日本妄图鲸吞中国的

---

①参金承涛:《商震早期在辽阳的日子》,《纵横》2009 年第 11 期。
②杨晦:《自传》,《杨晦选集》,上海文艺出版社 1987 年版,第 529 页。

"二十一条",把侵略魔掌伸向中国内地。到辽阳县城读书后,杨晦能够更多地接触外面的信息。眼看着国家和人民遭受外国列强的欺凌,杨晦心里非常痛苦。国家有难,匹夫有责。他暗自发誓,一定要刻苦努力,学好文化,以便将来报效国家,解人民于倒悬。

三、命运转折

1916 年,辽宁闹大灾荒,杨晦只好停学。为了生计,他考入了设在沈阳的东三省邮务管理局。1907 年,清政府在奉天取消驿站,成立了奉天邮政总局,1913 年改为东三省邮务管理局,地址在沈阳城内小北门大街。这里的环境比辽阳要好,消息来得非常快。这一段经历对杨晦来说非常关键,他在这里做了 11 个月的邮务生。杨晦一边当学徒,一边阅读《新青年》等报刊,初步领略到外面的时代新潮流。此时,杨晦已经逐渐成长为一个思想激进的爱国热血青年了。到第二年春天,杨晦虽然重新回到了辽阳县立中学读书,但是,还没有等到中学毕业,他就离校了。当时,有一个下野的军阀曾立下宏愿,凡是考上大学的辽阳籍学生,都由他提供奖学金。得知这一消息,杨晦就在 1917 年的夏天从辽宁去往北京。最开始他准备报考北京高等师范学校,但因为没有毕业文凭,未能报名。这时,正好赶上北京大学扩大招生,杨晦就报了名。

当时北京大学的校长是蔡元培。1916 年,尚在法国的蔡元培接到教育部的电文,要他回国担任北大校长。是年蔡元培回到上海后,许多朋友奉劝他不要就职,因为北大太腐败了,整顿不了。当然,也有劝他去试一试的。最终他决定前往北京任职。北大原是京师大学堂,招的大都是京官,这些人官僚气很浓,对学术没有兴趣,而且积习太重,又没有课余的娱乐和组织,一味沉湎于吃喝嫖赌等恶习。蔡元培决定整顿学风，提倡思想自由，兼容并包；同时，向社会扩大招生，吸纳优秀人才；而且还首次招收女生，只要考试及格，就可入学①。当时的考试，考外语和作文两门，杨晦在辽阳中学就学过英语，而国文方面功底尤其扎实，在中学时代他就喜欢读书作文，阅读了《饮冰室文集》《十一国游记》等课外书，并接触了一些中国古典文学作品。杨晦知识面比较广，写起文章来左右逢源，所以这次考试作文成绩特别优异。就这样，这个来自穷乡僻壤的小县青年终于实现了他的梦想，考入了北大哲学系，成了一名本科生。

①蔡元培：《五四前后的北大》，《新文学史料》1979 年第 3 辑，第 15—16 页。

第二章　五四英雄

一、初入北大

1917年暑假，北大连续三次招生，及格就录取，这使得很多学生意外地得到了报考的机会。正因为有第三次招考，杨晦才赶上了报名，考入了当时最好的高等学府。考入北大后，杨晦没有读预科班，直接进入哲学系本科班。班上有很多同学都成了后来的名人，如著名文学家朱自清，中共一大代表、后来成了汉奸的陈公博，还有读完预科再接着读本科的顾颉刚。杨晦进北大时18岁，比朱自清小一岁，比顾颉刚小6岁，估计是这个班里最小的。他性格较为内向，平时总是沉默不语，与人交往也不甚多。

北大是当时全国最高学府，这里聚集了全国各领域顶尖的教授学者。杨晦如鱼得水，如饥似渴地阅读古今中外的哲学、美学理论著作以及文学作品。同时，杨晦还默默地参加各种活动，阅读各种书刊，包括报刊上介绍各种理论、思潮的文章。他还特别喜欢鲁迅的小说、易卜生的戏剧。在这里,年轻的杨晦尽情地呼吸着自由的空气,感受新文化、新思想的魅力。蔡元培担任北大校长之后,北大的面貌大为改观。他力主改革,特别是对文科各系,主张文史哲分家,各系有自己的基本课程。同时,聘请了许多有名的人物来任教,其中大部分都是进步的思想者或学者。蔡元培提倡"以审美代宗教",所以特别重视学生的业余艺术活动。在他的支持和倡导下,北大的学术活动和社会活动很快就活跃起来。1917 年,北大开学比较晚,大概在十月革命前几天。开学之后,学校各方面都行动起来,各种社团纷纷成立,如书法研究会、画法研究会、音乐讲习所等。学校聘请到了当时艺术界的名流来担任导师,如陈师曾担任画法研究会的导师,萧友梅担任音乐讲习所所长,此外,学校还请来了全国闻名的古琴家王心葵①。1918 年 10 月 14 日,北大成立了新闻研究会,由蔡元培亲自发起并担任会长,由校长秘书徐宝璜和《京报》主笔邵飘萍任研究会导师。校长蔡元培为该会拟定了简章,规定其宗旨是"灌输新闻知识,培养新闻人才",研究的主要内容包括新闻的范围、选题、采访、编辑、通讯方法以及报社和通讯社的组织等。这个研究会的活动特别多,影响也比较大。当时,研究会的会员比较多,现在文

①杨晦:《五四运动与北京大学》,《杨晦选集》,上海文艺出版社 1987 年版,第 453 页。

献可考的就有55人，杨晦也是其中的会员，他登记的名字是杨兴栋。这个时候的社团组织管理并不是十分严格。当时的北大有一个特点，如果有什么活动或者社团组织，一般都是放一个签名簿在号房，谁愿意参加就签个名。如果中途有别的事情不能参加，或者兴趣转向了别处，也可以退出。所以，有的人待的时间长一些，有些人待的时间短，这是很正常的事情。杨晦在新闻研究会只读了半年，但受到的影响很大。当时，杨晦只有19岁，风华正茂，思想活跃。在这个研究会里，他接触了许多具有进步思想的人物，如毛泽东、高君宇、谭平山等。当时，邵飘萍每个星期天的上午来北大一次，给大家讲他的新闻采访以及办报刊的经验。毛泽东从邵飘萍那里学得了不少东西，之后他回到湖南办报纸，搞宣传，皆得益于邵飘萍。杨晦也会来听邵飘萍的课，所以和毛泽东一起听课是完全有可能的。据中国人民大学新闻系教授方汉奇先生回忆说，他在延安的时候曾听到毛泽东说起过杨晦，当时杨晦叫杨兴栋。方汉奇后来也加入新闻研究会，20世纪50年代还与杨晦接触过，见面后杨晦还专门说起他是当年的新闻研究会成员，名字叫杨兴栋。方汉奇回去一查，果然有杨兴栋的名字。如此说来，方汉奇所言应该不虚。

1918年后，中国的外交越来越紧张，北大的社会活动和思想斗争活动也开展得更为频繁。除了正规的报刊之外，校园的各个角落都成了宣传的阵地，宿舍的影壁上、墙上，甚至厕所里，都贴满了宣传海报和布告。只要说开会，大家相互喊一声，马上就有人响应。人多的时候，一般在食堂里开，要说话的，站在板凳上马上就讲起来。厕所里还开辟了“厕刊”，大家相互辩难。杨晦在沈阳作邮务生的时候，就接触过像《新青年》这样的刊物，到了北大之后，各种思想倾向的刊物争相出现，一时间非常热闹。比如《北大日刊》《北大月刊》《新潮》《国民杂志》《国故》等，杨晦都会涉猎一下。但是，历史最久、传播民主思想文化影响最大的还是《新青年》，这是五四时期新文化运动的先锋和旗帜。杨晦非常喜欢这个刊物，他的老师李大钊在上面发表的《庶民的胜利》和《布尔什维主义的胜利》对他产生了很大的影响。

经过两年北大自由民主氛围的熏陶和洗礼，杨晦已经不是原来那个尚带些稚气的辽阳小青年了，他已经成长为一个勇毅、果敢、敢言敢行的文化战士。

二、火烧赵家楼

1919 年 5 月 4 日，五四运动爆发了。早在“一战”期间，日本帝国主义就趁机侵占了中国的青岛，中国的反日情绪再度高涨。据五四运动参加者匡互生披露，实际上，早在 1918 年中日军事协定制定之后，北平的各个高校的学生就曾向当局请愿要求废止这一协定。因为协定允许日本军队在中国境内自由行动，这无异于引狼入室。但是，学生代表被当局用花言巧语骗了出来，请愿失败了。事后，大家都觉得有必要成立有组织的学生团体，如当时组成了国民杂志社、新潮社、同言社、工学会、共学会，等等。到 1919 年 4 月，北平高校的学生团体准备在 5 月 7 日，也就是袁世凯与日本签订“二十一条”的国耻纪念日那天举行一次大规模的示威游行。但是，还没有等到这一天，形势变得越来越糟糕。从 5 月 1 日开始，从巴黎和会上传来不利于中国外交的消息，到 5 月 3 日，几个外国教员和几家报纸得来消息，说中国外交完全失败。而失败的原因完全在曹汝霖、章宗祥、陆宗舆，他们在与日本秘密签订的高徐、济顺两路借款合同的换文上赫然写上“欣然承诺”四个大字。在巴黎和会上，日本外交家以此为据，反复申明并非日本强迫中国承认“二十一条”。本来有可能借助美国的同情打赢的国际官司就这样惨败了，日本侵占中国的阴谋终于得逞了①。消息传到北平，所有没有麻木的中国人都非常激愤，痛斥卖国贼。北京大学和其他学校的学生团体决定提前行动。5月3日，各校代表和北大学生聚集在北大的三院礼堂开会，当时大家情绪激昂，有一位同学咬破了手指，血书“还我青岛”四个大字。

4月中旬，驻日公使章宗祥带着日本小老婆回国，日本政要纷纷到东京火车站欢送。忽然来了数百名中国留学生，一齐高喊“卖国贼”，并把上面写了“卖国贼”“矿山铁道尽断送外人”“祸国”的白旗子，雪片似的抛向车厢，章宗祥的日本小老婆都吓哭了。因为有一个为“卖国贼”送丧的先例，所以，5月3日晚上就有人提议，留日学生可以那样对付章宗祥，为什么我们不可以也这样对付曹、章、陆？大家一致同意，准备第二天举行示威游行，给卖国贼送白旗。可见，五四学生手中的“白旗”，不光是学生为书写标语口号、表明态度而准备的，更是为“三个卖国贼”“送丧”而准备的。这天夜里，杨晦一夜未睡，他在西斋宿舍里和同学们一起写标语、做旗子。他把自己仅有的一件旧床单剪裁开，做了几面小旗子。想起明天的游行活动，他感到很兴奋，他想象着留日学生同卖国贼章宗祥面对面的斗争，想到他们把小白旗扔了一车厢，把章宗祥的日本小老婆吓哭了的那些情景，很是开心②。5月4日那天是星期天，杨晦早早吃过了午饭，拿了一面旗子，和同学们一起到红楼后面的空场上集合，朱自清也去了，他们一边说着话一边走着，碰见了许多熟人。身材魁梧的傅斯年正在那儿指手划脚地说着什么，英文系的罗家伦，国文系的许德珩、邓康、张国焘，还有黄日葵、段锡朋、江绍原、孙伏园、周炳琳、周长宪他们都在那里。宣言已经印出来了，发给了每一个人。罗家伦还拿

①匡互生：《五四运动纪实》，载《新文学史料》1979年第3辑，第22—23页。

②参马晰：《学人往事》，时事出版社2000年版，第81页。

了印好的英文备忘录,准备送到各国驻华使馆去。人已经到得差不多了,大家排好了队准备出发。这时,蔡元培走过来了,他站在队伍的前面,像是对傅斯年、许德珩、段锡朋等几个领头人讲,又像是对大家说:“同学们,我看大家就不必去了,同学们有什么要求,什么意见,我负责同政府去交涉。”同学们非常激动,说一定要去当面惩罚卖国贼。蔡元培也没有再坚持,让学生去了。游行的队伍走出了学校,沿着池子大街向天安门行进。队伍前的学生举着一幅白布对联,很像挽联:“卖国求荣,早知曹瞒遗种碑无字;倾心媚外,不期章惇余孽死有头。”①

当时的学生大概有两类,其中有少数人特别慷慨激昂,为反抗强权准备斗争到底,不惜牺牲生命。有的人甚至连身后事都向亲密的朋友托付好了。大部分人的想法是找到曹汝霖,当面斥责几句,并把白旗丢到他的府邸里就算了。游行的队伍到达天安门前,停留了很久,有人喊口号,有人做宣传。游行队伍来到东郊民巷口时,大家觉得有必要在外国的使馆界走一下以表示中国人的民意,但是这里的外国守卫队不让队伍通过。学生代表再三同各国公使署交涉,也没有得到允许。这时大家非常气愤,自己的国土竟然不让通过,这简直是耻辱。学生们齐声高喊:“大家往外交部去,大家往曹汝霖家里去!”队伍在东郊民巷口被阻有两个小时,这个时候,担任总指挥的傅斯年担心会发生意外,极力阻止去曹汝霖家,但是根本阻止不了。大概四点钟的时候,队伍到了赵家楼曹汝霖的住宅前面,大多数学生都把白旗抛进墙内,并用旗杆把沿街的一排房屋上前坡的瓦揭了下来,摔了一地,结果全被学生丢进院里去了。大家正准备返回学校,这时候,忽然有人爬上了围墙头,把一扇铁窗砸毁了。至于谁是第一个进入曹宅的,现在尚无定论,有人

---

①参马嘶:《学人往事》,时事出版社2000年版,第82页。

说是北大理科学生蔡镇瀛，也有人说是北京高等师范学校的匡互生。总之，那时群情激奋，曹宅大门紧闭，爬墙而入势在必行。紧接着，有几个人也效法他们往墙上爬。此时，杨晦也不甘落后，紧跟着前面的人进入曹宅。很快，那扇紧闭的大铁门便被他们拉开了，游行的队伍一哄而入。曹宅里的卫兵被学生们的口号声和大无畏气势所震骇，也受到了学生们勇敢行动的感召，他们取下了上好的刺刀，退出装进枪膛的子弹，退到一旁，惊慌地看着学生们的行动。愤怒的学生到处找曹汝霖，找不到就砸东西，撕床上的丝绸被。过了一会儿，有一个日本人模样的人从花园那边出来，大家以为是曹汝霖，上去就打，就地捡了砖头瓦片往他的头和脸上砸，砸得满脸是血，那个人倒地装死。有些人就有些胆怯，回学校去了。后来这个人乘机逃到外面的一家皮蛋店里，又被学生搜出来了，结果学生们发现这个人就是驻日公使章宗祥①。不久，赵家楼起了火。据杨晦后来回忆，这个火怎么起的，始终没有弄清楚。有人说是北大学生黄圣点的火。匡互生在《五四运动纪实》中又说是他放的火。也有人认为是曹家自己放的，以造成学生的刑事犯罪，到时候可以逮捕法办②。果然，起火之后，警察就开始抓人，一共抓走了 32 人。后来，蔡元培想尽办法解救了被捕的学生，他也辞去了北大校长之职。

五四运动的爱国热潮迅速传遍全国，天津、上海、汉口等地开始罢课、罢市，在人民的压力下，反动当局不得不罢免了曹汝霖、章宗祥、陆宗舆这三个卖国贼。

三、沈阳星火

火烧赵家楼，痛打章宗祥之后，北大学生的主要任务是要求当局拒绝割

---

①参马嘶：《学人往事》，时事出版社 2000 年版，第 86—88 页。

②杨晦：《五四运动与北京大学》，《杨晦选集》，上海文艺出版社 1987 年版，第 459 页。

让青岛，同时请蔡元培回北大担任校长，但结果没有实现。1920 年秋，杨晦带着失望的情绪回到了沈阳第一师范学校任教。东北是日寇侵占中国的第一站，五四运动爆发后，沈阳人民反帝反封建的情绪日益高涨。一到沈阳，杨晦就与沈阳一师的校长栗绍文、东北大学校长宁思成等人取得联系，筹划在沈阳开展新文化启蒙教育运动。同时，杨晦与辽宁爱国青年阎宝航等人密切配合，组织读书会，联系全市各校学生走上街头游行、演讲，宣传新文化运动的意义。阎宝航比杨晦大 4 岁，1918 年 4 月创办了奉天贫儿学校，得到程砚秋、张学良、郭松龄等人的支持。1921 年，他被基督教奉天青年会聘为青年部干事。他先后组织"星期三会""启明学社"等团体讨论新文学，学习马列主义，探讨救国救民之路，后来成为中共情报战线最出色的国际战略情报专家。与阎宝航的新文化启蒙运动相配合，爱好戏剧的杨晦还把文明戏带到了沈阳。1920 年 3 月 17 日，《盛京日报》上出现了一篇题为《新文化与戏剧》的文章，文章主张这个时代民众已经开化，文明戏应为男女同戏。这在当时的沈阳，无异于一篇挑战旧的戏剧观念的宣言。傅淞岩认为文章的作者是杨晦，并说杨晦还创作了剧本《劝戒烟》，但是杨铸整理的杨晦年谱中没有这个作品。不知道傅淞岩本于何处。此外，杨晦还组织学生排演了新剧《一元钱》，受到了群众的欢迎。在这前后，杨晦还多次批评奉天当局因为没有经费给老师发工资，竟然强行要求学校停课放假的行为。于是，杨晦鼓动老师罢课、请愿，甚至把北大、清华等八大高校的学生代表也请过来，壮大声威。在阎宝航等人的配合下，杨晦参与并支持了学生运动，引起社会各界的强烈反响。奉天当局为杨晦的举动感到忐忑不安，那时候，张作霖已经有了驱逐杨晦的打算。学生运动开始后，张作霖就派兵到高校进行镇压，并通缉新文化运动的领导人，杨晦、阎宝航等人被迫离开沈阳。

杨晦，这个五四运动的健将，把反帝反封建的革命思想火种传到了沈阳，为沈阳乃至东北的新文化启蒙运动做出了重大的贡献。经过两次血与火的斗争，杨晦清醒地看到，这个社会是非常黑暗的。被驱逐出沈阳后，杨晦去了太原国民师范学校，但也没有待多久，又转到河北定县省立第九中学教书。就在从太原去北京的路上，杨晦思绪万千，深感这个社会晦暗不清，报国无门，自己将杨兴栋改为杨晦，以示愤慨和自励。

第三章　解囊铸钟

一、另铸新钟

1923 年初，24 岁的杨晦离开河北省定县省立第九中学，远赴厦门集美学校，担任师范部国文教员。但是，没有待几个月，杨晦又背上行囊，踏上了北上的列车。这年秋天，他在北京的孔德学校中学部谋了一个教职。同年，18 岁的冯至从北京大学预科转入本科，这个时候他已经被吸纳为浅草社的成员了。暑假期间，北京的浅草社成员在中山公园举行了一次茶会，在会上，冯至与陈炜谟相互认识，并逐渐成为了好朋友。通过浅草社组织者林如稷的介绍，冯至还与正在复旦大学读书的陈翔鹤开始通信。不久，冯至又在北大国文系教授张凤举的家里遇见了杨晦，二人认识后相互往来，成了推心置腹、无话不谈的好朋友。当时，孔德学校校址在北京东华门内北河沿，与北大第三院毗邻，杨晦住处的窗户正对着北大三院的操场。每当傍晚时分，冯至经常到操场散步，有时敲开杨晦的窗子，两人一内一外就说起来。如果夜色已深还没有说完，冯至就越窗而入，接着话题谈。经过冯至的介绍，杨晦与陈炜谟、陈翔鹤相互认识，不久，为了珍贵的友情，陈翔鹤干脆放弃了复旦大学的学习，来到了北京。这样，杨晦、陈炜谟、陈翔鹤、冯至 4 人朝夕相处，感情日深，如同手足①。1924 年，浅草社的组织者林如稷出国，社员志趣不一，《浅草季刊》的稿子长期搁置未能出版，《文艺旬刊》也难以为继。这个时候，浅草社已经名存实亡了。这一年秋天，杨晦已经转到山东济南第一师范国文专修科任教了。其他人也是天各一方。到了 1925 年初秋，大家似乎是被某些说不清楚的情感牵扯着，都不约而同地回到了北京。陈炜谟从南京旅行回来，冯至也从老家返回了北京，陈翔鹤已然在北京西山过了一个暑假，杨晦也从济南回到北京。“大家都是莫名其妙的互相念着，吸引着，愿意彼此早早的聚在一块来，谈谈自身别后的寂寞和辛苦。”②在一个傍晚，他们四人相约在首次开放的北海公园，讨论创办刊物的事情，计划在文学创作和外国文艺介绍方面做一点切实的工作。他们坐在水边一棵参天古树下，蝉鸣声在耳边急促

---

①参冯至：《鲁迅与沉钟社》，见《鲁迅回忆录》（二），上海文艺出版社 1979 年版，第 3—4 页；冯至：《从癸亥年到癸亥年——怀念杨晦同志》，见《杨晦选集》，上海文艺出版社 1987 年版，第 2 页。

②陈翔鹤：《关于“沉钟社”的过去、现在及将来》，《中国新文学大系·史料·索引》，上海文艺出版社 2003 年版，第 195 页。

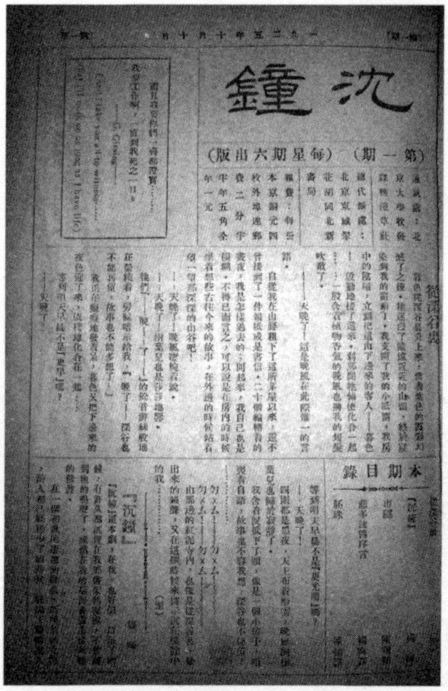
沉鐘
（第一期）（每星期六出版）

>>《沉钟》周刊第一期

而凄厉地响着，为北国的初秋平添了些许凄清和萧瑟。天空显得特别高远，西边的天空有一抹晚霞，暮色苍茫。这时，天际有一颗巨大的流星滑过，随后不知从什么地方又传来几声钟响。冯至好像受到了钟声的启示，他说，刊物叫作“沉钟”好不好？大家迟疑了一下，觉得还不错，又想不出更为合适的名称，最后就同意了冯至这个建议。

他们心里都非常清楚，这个名称来源于德国著名剧作家霍普特曼在1896年写的童话象征剧《沉钟》，该剧表现了艺术与生活的尖锐矛盾。故事发生在德国北部的一个小山村，铸钟师亨利为了铸就一口洪钟，历经艰辛，却始终不得成功。他左右摇摆在以他的妻子玛格达、牧师、教师、理发师为代表的世俗社会和以情人罗登德兰（林中仙女）、魏迪肯、尼克尔曼（水妖）、“林魔”为代表的仙界之间，迷惘不已。经历了种种艰辛，他终于铸造了一口震慑妖魔的大钟。但在往山上运输的途中，林妖施展魔法将这口大钟推下山去，沉入山下的湖底。亨利不甘心失败，决定在山上再造一口新钟。他沮丧地离开妻子，走到山上，与象征艺术的林中仙女罗登德兰相爱。在山上造钟的日子里，他非常思念妻子。这时，亨利的两个孩子抱着盛满母亲眼泪的水罐，上山找到亨利，说母亲玛格达已经自沉湖中，并且敲响了沉钟。亨利惭愧万分，就暂停了造钟，抛开罗登德兰下山去探望妻子，但他遭到世俗的嘲弄。等到他再次回到山上时，一切都发生了变化，伤心的罗登德兰转嫁给尼克尔曼，婚宴上，憔悴不堪的亨利呼唤着罗登德兰的名字，两人再次深情相拥。天破晓了，亨利在罗登德兰的怀中死去。霍普特曼的《沉钟》影响很大，直到20世纪20年代，还享有盛名。有一位西方评论家从亨利的悲剧中得出积极的论断："艺术家若要完成他的理想，必须献出整个的生命，忘怀家庭与世俗的生活，要有足够的勇气独行其是。那些不敢这样做的人，就不能攀登艺术的高峰。"[①]这四个人都非常赞同亨利将艺术坚持到底的精神，陈翔鹤回忆说："因为我们想，为纯文艺而出版的刊物的缘故，就纵然向深渊里往下更沉没一点，和再潜藏一点也是可以的，只消将来，不至于果真如'亨利'般的，因听见了一声由于一个死女人的手将'沉钟'敲响时，而至于百事皆废就行。"[②]也正因如此，他们在刊物的名称上达成了一致意见。后来有人把他们4个人创建的团体叫作"沉钟社"，他们也就默许了。

沉钟社的形成更多的是缘于友情，杨晦在《怀念陈翔鹤同志》一文中曾说："生活上的相同感触和文学上的共同爱好，像一条结实的纽带，把翔鹤同冯至、炜谟和我连到了一起，使我们很快成了最知心的朋友。一九二五年的暑假里，我们几个人为了在文学创作和外国文艺介绍方面努力做一点切实的工作，商量好自己办一个刊物，并大致约定由翔鹤和炜谟写小说，冯至写诗，我写剧本。于是，就在那年的十月，《沉钟》周刊问世了。"[③]1925年10月10日，《沉钟》周刊正式出刊，刊物为16开本，篇幅较少，每期仅8个页码，由4个创办人出资自费印刷，北新书局发行。出版了4期之后，他们发现北新书局在发行方面简直是敷衍了事，"有时候，甚至于到下期的刊物已经出版

①转引自冯至：《回忆〈沉钟〉》，载《新文学史料》1985年第4期，第75页。

②陈翔鹤：《关于"沉钟社"的过去现在及将来》，《中国新文学大系·史料·索引》，上海文艺出版社2003年版，第196页。

③杨晦：《怀念陈翔鹤同志》，《杨晦文学论集》，北京大学出版社1985年版，第479页。

时，而上一期却还留在屋角里，原封未动"①。《沉钟》周刊整包整包地积压在仓库里，不能及时寄给读者。所以，从第 5 期开始他们就自己发行，这就加重了他们 4 人的负担。但是他们的决心很大，一致表示要"放开大步往前走"。虽然他们竭尽了自己的力量，但因最终仍然克服不了自费印行的困难，坚持了 4 个月的时间，到 1926 年 2 月，出版到第 10 期时就不得不暂时停刊了。

二、"粗暴的灵魂"

在沉钟社，杨晦最为年长，其他 3 位成员也把他当作兄长来看待。所以，杨晦自然成了沉钟社的核心。20 世纪 20 年代中期以后，杨晦和其他 3 位成员聚少离多。为了商讨办刊事宜，更为了向对方倾吐内心的苦闷和抑郁，沉钟社成员互通书信，相互鼓励。杨晦把沉钟社同仁写给他的书信装在一个小皮箱里，约有三四百封，特别珍视。多年以后，杨铸在整理父亲遗物的时候发现了这只皮箱，并将这些信件整理出来，分批刊发在《新文学史料》上，这就是我们现在能看到的《沉钟社通信选》。从这些书信来看，沉钟社成员对杨晦极为尊重，已经超过了一般同事甚至朋友的程度。他们把杨晦看作主心骨，也是精神上的重要支柱。他们无论碰到什么困难，生活上、工作上、思想上甚至情感方面，都会毫无保留地告诉敬爱的"慧修"，而杨晦也会真情相待，尽一切办法帮助他们。冯至在给杨晦的信中说："茫茫人海，除了我的父亲，便是慧修了……"②陈翔鹤也在信中说："我平常是完全不服人的，然而

①陈翔鹤：《关于"沉钟社"的过去现在及将来》，《中国新文学大系 · 史料 · 索引》，上海文艺出版社 2003 年版，第 196 页。

②冯至：《致杨晦》(1925.9.20)，杨铸编选《沉钟社通信选》(下同)，《新文学史料》1987 年第 3 期，第 29 页。

在你面前，无论是对与不对，至少都也要服从几分，我对于你时常都有‘长兄’的感觉。”[①]在沉钟社同仁看来，“这一个几乎就连朋友们的帽子戴得不对，夹袍作得太短，也要担心着和干涉的爱管闲事者，他在我们当中，几乎可以说是常居于长兄地位的”[②]。

杨晦的性格异常坚强，有自觉而强烈的担当意识。所以，尽管他与浅草社成员冯至、陈翔鹤、陈炜谟相结识，但是他并没有在浅草社的刊物上发表过一篇文章。而且，当他们向杨晦提议要为《浅草》写点稿子，或者加入浅草社时，杨晦总是非常明白地表明了自己的态度：“同你们作朋友我是很高兴的，不过加入团体，我觉得我自己是太不适宜了：因为我不加入则已，一加入便要彻底的负责，而负责又于我自己很苦的。”[③]办了《沉钟》之后，杨晦果然就彻底负起责来了。在《沉钟》周刊刚创办的时候，其他三人都是学生，只有杨晦工作了，有薪水。所以，办刊物的资金主要由杨晦来筹措。同时，他也是积极的撰稿人，他的许多短剧以及译作都是在《沉钟》上发表的。到了《沉钟》半月刊的后期，其他 3 人都不在北京，《沉钟》是由他一个人承担的，后来林如稷回国协助，才坚持下来。林如稷曾经把他们 4 个人比作抬轿子的，杨晦、陈翔鹤抬前面，陈炜谟、冯至抬后面，4 个人的神态是：杨晦“扬眉吐气”，陈翔鹤“低头看地”，陈炜谟“昏天黑地”，冯至“不敢放屁”[④]。虽然听起来有些不雅，但却能够形象地表现他们当时团结默契办刊的情形。

《沉钟》每一期都会选登中外作家或思想家的格言，用以表示编辑者的主张和态度，从周刊到半月刊直至终刊，都没有间断。在第一期创刊号上刊

---

①陈翔鹤：《致杨晦》(1925.10.8)，《新文学史料》1987 年第 3 期，第 45 页。
②陈翔鹤：《关于“沉钟社”的过去现在及将来》，《中国新文学大系·史料·索引》，第 198 页。
③陈翔鹤：《关于“沉钟社”的过去现在及将来》，《中国新文学大系·史料·索引》，第 194 页。
④事见冯至之女冯姚平的回忆文章：《怀念杨晦先生》，《中国新文论的拓荒与探索——杨晦先生纪念集》(下引简称《杨晦先生纪念集》)，北京大学出版社 2001 年版，第 163 页。

登的是英国作家吉辛的话:“而且我要你们一齐都证实……我要工作啊,一直到我死之一日。”沉钟社的同仁一直是按照这种精神坚持办刊的。当时,在国外的林如稷听说要办刊物,马上表示不赞同,认为还不如弄几本丛书。陈炜谟在《沉钟》周刊第四期上《与友人书》一文中公开表明了他们的态度:“我们自信:对生活的要求无论怎样不奢,但对艺术的希望却一点也不俭,所以我们节衣缩食的来办我们的《沉钟》。”又说:“我们且努力继续下去,赔到无钱可赔时为止。而且即使到了那一天,我们真的不能不停版,那还不能算是我们的失败。”①尽管如此,《沉钟》的经营还是显得异常艰难,一个主要的原因就是外界注意的人太少。当时,冯至给在济南教书的杨晦写信说:“自从出版一月来,我们的刊物真像是走入无人的旷野。”②看到《沉钟》无人关注,陈翔鹤也有点着急,他告诉杨晦:“自从办周刊以来,我们所感到的侮辱不少,然而这实在无办法(自然的现象),也用不着气愤。(其实真正可使人气愤的事也太少了!)因为我们早已认清了这个世界了! 我们的刊物,就实质上来评衡,实在是不算坏,除从前的《创造周报》而外,其余还有可以与我们匹敌的吗? 没有,没有,然而……仍是‘沉钟’,沉着不响!”③杨晦在回信中这样鼓励陈翔鹤:“在艺术上,我们几个人都有着绝大的希望,决不会没有路走,到时候自然会证实的;因为我们都有着坚固的根基——就是我们都有内生活的深度,虽不见得怎样广。”④他又说:“人为理想受苦,这是高洁的。我们要不为理想,何至于受苦? 所以你既然要殉理想,就要能以忍受一切的痛苦才行。”⑤

---

①转引自:张晓萃:《沉钟社始末》,《新文学史料》1987 年第 3 期,第 55 页。
②冯至:《致杨晦》(1925.11.3),载《新文学史料》1987 年第 3 期,第 31 页。
③陈翔鹤:《致杨晦》(1925.11.12),载《新文学史料》1987 年第 3 期,第 45 页。
④杨晦:《致陈翔鹤》(1926.11.17),载《新文学史料》1987 年第 3 期,第 50 页。
⑤杨晦:《致陈翔鹤》(1926.12.3),载《新文学史料》1987 年第 3 期,第 52 页。

杨晦是沉钟社的力量源泉，当办刊出现资金问题的时候，其他3人就会写信告诉杨晦，让他解决。每当假期的时候，杨晦来到北京，4个人就会到北海公园去玩，或者到东安市场去闲逛，然后找一家饭馆美美地吃上一顿。当然是杨晦这个老大哥买单，每次都几乎花光口袋里所有的钱。当刊物印出来反响寥寥，杨晦也有些受打击。他在载于《沉钟》第10期的《无题——代启事》一文中宣示，不管困难有多大，也要坚持办下去："有人说，我们的社会是一片沙漠。——如果当真是一片沙漠，这虽然荒漠一点也还静肃；虽然寂寞一点也还会使你感觉苍茫，何至于像这样的浑沌，这样的阴沉，而且这样的离奇变幻！……自三月一日起，总要竭尽我们的力量，使我们这个小小的刊物……继续下去。"[①]这段话后来鲁迅也引用了。

沉鐘
（第十期）（每星期六出版）
無題
本期目錄

>>《沉钟》周刊第10期

就在《沉钟》处在湮没无闻的孤寂状态之中，沉钟社的同仁们都有些颓丧的时候，有两个人对沉钟社表示了赞许和肯定，这对他们是一个极大的鼓舞。一个就是北大国文系教授张定璜（即张凤举）。陈翔鹤说，在《沉钟》周刊出版的过程中，张定璜教授首次来信，对我们刊物所取的态度及价值加以称许[②]。另一个就是他们特别敬仰的鲁迅。鲁迅在《野草·一觉》里对沉钟

①见《沉钟》周刊第10期，1926年2月6日。
②陈翔鹤：《关于"沉钟社"的过去现在及将来》，《中国新文学大系·史料·索引》，第197页。

社成员给予了高度评价:“我照作品的年月看下去,这些不肯涂脂抹粉的青年们的魂灵便依次屹立在我眼前。他们是绰约的,是纯真的——阿,然而他们苦恼了,呻吟了,愤怒,而且终于粗暴了,我的可爱的青年们! ……是的,青年的魂灵屹立在我眼前,他们已经粗暴了,或者将要粗暴了,然而我爱这些流血和隐痛的魂灵,因为他使我觉得是在人间,是在人间活着。”[①]读到这样赞许的文字,沉钟社同仁们非常激动,冯至说,那一天他们就像是过节一样。后来,鲁迅在他编选的《中国新文学大系·小说卷》序言里说道:“一九二四年中发祥于上海的浅草社,其实也是‘为艺术而艺术’的作家团体,但他们的季刊,每一期都显示着努力:向外,在摄取异域的营养,向内,在挖掘自己的魂灵,要发见心里的眼睛和喉舌,来凝视这世界,将真和美歌唱给寂寞的人们。”[②]冯至认为这个评价更符合沉钟社的实际情形。这个时期,沉钟社同仁们正如饥似渴地阅读外国文学作品,如海涅、霍普特曼、莫泊桑、契诃夫、安特列夫,等等,他们一见面就相互介绍各自读的书,讨论书中的内容。而他们的创作自然也会受到这些作品的影响[③]。

三、寂寞箜篌

《沉钟》周刊出了10期,停了半年。到1926年8月11日,又改为《沉钟》半月刊发行。版期另起,版面改为小32开,横排,每期64页。封面上是红色的麦穗图案,是鲁迅代请陶元庆设计的。半月刊出版后不久,引起了文

①鲁迅:《野草·一觉》,《鲁迅全集》第二卷,人民文学出版社2005年版,第228—229页。

②鲁迅:《中国新文学大系·小说二集·序》,《鲁迅全集》第六卷,人民文学出版社2005年版,第250—251页。

③冯至:《鲁迅与沉钟社》,见《鲁迅回忆录》(二),上海文艺出版社1979年版,第4页。

坛和出版界的注意，高长虹认为“近来新出的定期刊物，可注意的只有《沉钟》一种”①。诗人朱湘也说“《沉钟》是当今文艺刊物中出色的一种”②。到1927年1月，《沉钟》半月刊告休，7月份又出了一期特刊。在接下来的5年多的时间里，《沉钟》一直没有复刊。

从1928年开始，沉钟社其他成员大都毕业并开始工作了，因此以前计划的编辑出版工作几乎都停顿了。每当暑假大家从四面八方赶回来聚在一起的时候，一谈到工作大家都是长吁短叹，心情极为黯淡颓丧，对未来的生活感到非常迷茫和无聊。但是，就是在这样艰难困苦的情况之下，他们还是想尽一切办法将期刊维持下去。从1929年到1930年，他们自费印行了3本书：杨晦的《除夕及其他》、冯至的《北游及其他》、郝荫潭的《逸如》。这些书，无论是内容，还是印刷包装都是不错的。但是，这些书并没有全数销售出去，大部分堆在仓库的书架上。而且，卖出去的资金也不容易收回来。他们算了一下，不仅没有赚钱，反而每个人搭进去了两个月的收入③。在这期间，杨晦先后受沈尹默的委托主编《新中华报》以及《华北日报》的文艺副刊，沉钟社成员的创作翻译都发表在这上面。1930年，冯至去德国留学了，陈炜谟也因病离开北京回了四川老家。《沉钟》的事情非常艰难，杨晦几乎一个人担了下来。1932年，林如稷从国外回来，协助办刊。就在这年的10月15日，《沉钟》半月刊终于又复刊了，从第13期出到了第24期。到1933年，因日寇侵略，又暂告停刊。半年后又再度复刊，最后坚持到1934年2月28日，出满了第34期，才宣告结束。杨晦是从《沉钟》创办一直坚持到最后的人，他的坚毅和执着，让人感动。沉钟同仁的执着也给鲁迅留下了深刻的印象，

---

①高长虹：《走到出版界》，载1926年10月24日《狂飙》第3期。

②朱湘：《杨晦》，转引自《杨晦选集》，上海文艺出版社1987年版，第535页。

③陈翔鹤：《关于“沉钟社”的过去现在及将来》，《中国新文学大系·史料·索引》，第199—200页。

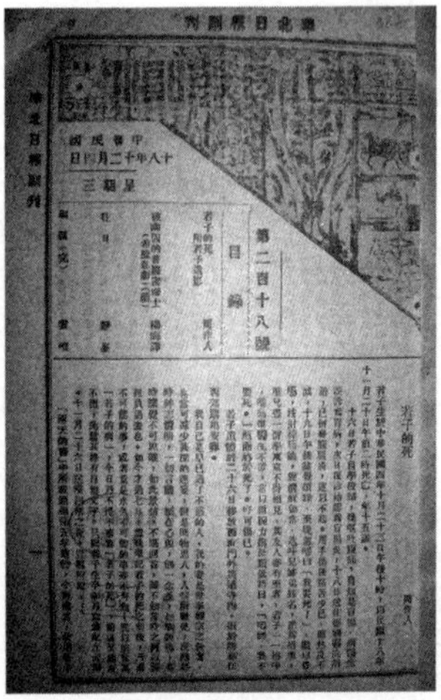

>>《华北日报》副刊

他在1927年9月25日致李霁野的信中说:"看现在文艺方面用力的,仍只有创造、未名、沉钟三社,别的没有,这三社若沉默,中国全国真成了沙漠了。"①

应该说,沉钟社对艺术的态度是极为认真的,他们认为艺术对生活有益,而且几乎是唯一有益处的东西。陈翔鹤说:"在生活方面,我们是别无所图的!无论私人生活是多么的辛苦颠连,困窘不幸罢,我们也只想在艺术的本身上,求得一点成绩而已。我们觉得在现社会中,只有艺术可以使'生活'更为向上,更为高洁,并且保持一种庄严性的。"②有论者谈到沉钟社的艺术主张时认为,沉钟社同仁的主张是积极的、前进的。这与当时努力建设新文学和新文学观念的大方向是一致的。但是,他们只满足于探求文学艺术的"真"与"美",用创作和翻译去求证文学的本质意义,对那么多的社会问题却缄默不语,更不参加实际斗争,那他们的文学事业也就失去了坚实的社会基础。由于没有文艺理论批评的锻造和提升,所以,《沉钟》同仁"也未能撞响理想化的'沉钟',使之发出理论的洪声,只留下了一个美好而小巧的亮点"③。这种评价不能说没有道理,对于沉钟社的文学主张和办刊思想,鲁迅也曾提出过批评。当沉钟同仁去拜访鲁迅时,他说:"你们为什么总是搞翻译、写诗?为什么不发议论?

①《鲁迅书信集》上卷,人民文学出版社1976年版,第164页。
②陈翔鹤:《关于"沉钟社"的过去现在及将来》,《中国新文学大系·史料·索引》,第201页。
③黄曼君编:《中国近百年文学理论批评史》,湖北教育出版社1997年版,第397页。

对些问题不说话？为什么不参加实际斗争？”[1]鲁迅一方面很喜欢沉钟社对文学的切实认真的态度，另一方面也觉得他们被抑郁沉闷的气氛所笼罩，而不能真正直面现实。冯至谈到：“我们死抱着文学不放，过分夸大文学的作用，好像中国只要产生几部伟大的作品，就可以称雄于世界了，却不问伟大的作品怎样才能产生，也不反躬自问，象我们这样下去，能不能写出几本象样子的东西。”[2]沉钟每一期都在刊头摘录名人的句子以自勉，无非是强调生活如何艰难，人们应该如何勇敢地承担痛苦，坚持工作。但是，“至于苦难从何而来，斗争的对象是什么，我们是模糊不清的。所谓工作，不过是写点文章，翻译点自己爱好的外国作品而已”[3]。沉钟社诸人始终秉持着坚贞的艺术信仰，试图用文学来救治社会，他们虽然看到了现实中的种种矛盾和弊端，但没有作出有针对性的反思和解答，更没有想到用匕首投枪式的文字去唤醒民众麻木的灵魂。大厦将倾，他们还是一厢情愿地吹奏着寂寞的箜篌，这份执着确有点近似于铸钟师亨利了。但鲁迅对沉钟社还是很看好的，他说：“沉钟社却确是中国的最坚韧，最诚实，挣扎得最久的团体。它好像真要如吉辛的话，工作到死掉之一日；如‘沉钟’的铸造者，死也得在水底里用自己的脚敲出洪大的钟声。然而他们并不能做到，他们是活着的，时移世易，百事俱非；他们是要歌唱的，而听者却有的睡眠，有的槁死，有的流散，眼前只剩下一片茫茫白地，于是也只好在风尘澒洞中，悲哀孤寂地放下了他们的箜篌了。”[4]

不管怎么说，沉钟社仍然是中国现代文学史上一个产生过重要作用的

---

①冯至：《鲁迅与沉钟社》，见《鲁迅回忆录》（二），上海文艺出版社1979年版，第8页。
②冯至：《鲁迅与沉钟社》，见《鲁迅回忆录》（二），上海文艺出版社1979年版，第8页。
③冯至：《鲁迅与沉钟社》，见《鲁迅回忆录》（二），上海文艺出版社1979年版，第8页。
④鲁迅：《中国新文学大系·小说二集·序》，《鲁迅全集》第六卷，人民文学出版社2005年版，第252页。

文学社团,以杨晦为中心的沉钟社同仁以一种近乎宗教般的艺术虔诚谱写了一段动人的文学故事。相对于浅草社完全关注自我的热烈倾诉与自怨自艾,沉钟社已经转向了对外在境遇的切实体验,并把目光投向了普通人生活的苦难和不幸。在描写的时候也倾向于客观、冷静的风格①。这种写作道路的变化显然与沉钟社的核心人物杨晦的美学旨趣和文艺主张分不开。对于中国的人文知识分子来说,20 世纪 20 年代是一个感伤的年代,这种感伤渗透到他们的文学话语当中,成为一种文学流行色。这在杨晦也不可避免。但是,杨晦坚强、隐忍的个性冲淡或者弥补了这一缺憾。在戏剧创作方面,杨晦主张戏剧要塑造思想和意志两方面统一的人物,这是他的美学目标。正如有的论者所言:"由人物坚强意志所显现出来的信念与思想的坚执,正是杨晦剧作动人的地方,正是杨晦对自己美学追求的自觉实践。"②这种美学旨趣和文学思想具体体现在杨晦创作的短剧里面,比如《除夕》《笑的泪》等剧作。杨晦是沉钟社的老大哥,又是该社的核心人物,其他人的创作都有意识地向他看齐。因此,相对于浅草社,沉钟社在创作倾向上的转变与杨晦有着紧密的关系。

①参陈永志:《灵魂溶于文学的一群——论浅草社、沉钟社》,华东师范大学出版社 1995 年版,第 108 页。
②陈永志:《灵魂溶于文学的一群——论浅草社、沉钟社》,华东师范大学出版社 1995 年版,第 69 页。

第四章　剧坛笔耕

一、戏剧情结

在中国现代文学史上，杨晦主要是以戏剧的创作实绩确定了他在文坛上的位置。以往的文学史教材在谈到杨晦的时候，也主要介绍其在戏剧创作方面的成就与特色。杨晦一生的文学创作主要是戏剧和散文，但最能反映杨晦文学天分的还是他的戏剧创作，杨晦尤其钟情于戏剧，有一种"戏剧情结"[①]。甚至可以说，戏剧贯穿了杨晦整个文学人生。

按照杨晦的自传[②]介绍，他早在1921至1922年在河北定县第九中学教书的时候就开始了文学创作。1922年，因该校举办周年纪念，学生们要演戏，当时正流行易卜生的社会问题剧，杨晦就以当地流传的一个婆婆虐待并害死儿媳的故事创作了五幕社会问题剧《谁的罪》。1923年

---

①孙庆升：《杨晦剧作散论》，《杨晦先生纪念集》，北京大学出版社2001年版，第141页。
②杨晦：《自传》，《杨晦选集》，上海文艺出版社1987年版，第530页。

杨晦到厦门集美大学教书,不仅编写剧本,还亲自参加过学生的演剧活动。但是,这些剧作都没有正式发表。是年暑假回到北京后,杨晦创作了四幕话剧《来客》,发表在北京的《晨报》副刊上①,这是杨晦第一次发表作品。1924年杨晦创作了《屈原》(诗剧)和《夜幕》,但没有发表。1925年组建沉钟社以后的八九年时间里,杨晦主要搞创作和翻译。创作方面,以农村生活为题材,写了多个剧本,编入剧集《除夕及其他》。翻译方面,除了罗曼·罗兰的传记文学《悲多汶传》、莱蒙托夫的小说《当代英雄》等作品外,多数都是戏剧。比如埃斯基拉(即埃斯库罗斯)的悲剧《被幽囚的普罗密修士》。1933年开始,除了创作五幕历史剧《楚灵王》,杨晦还翻译了莫里哀的戏剧15种,遗憾的是因战乱译稿丢失。此后,杨晦由戏剧创作转入戏剧研究和评论。40年代,杨晦发表了著名的长篇论文《曹禺论》,并翻译了莎士比亚的戏剧《雅典人台满》。50年代末,他写了《论关汉卿》《再论关汉卿》等一系列长篇戏剧论文,影响很大。可以说,杨晦在中国现代戏剧创作、外国剧作翻译以及戏剧研究方面为后人留下了一份宝贵的文学遗产。

冯至曾回忆说,1923年杨晦在北京孔德学校教书,"他教的是'国文',

---

①四幕剧《来客》连载于北京《晨报》副刊1923年11月2—18日。

却大量阅读欧洲的戏剧，他乐于向我谈他读过的剧本的情节和读后的感想。他以极大的兴趣谈莎士比亚和希腊悲剧，在当代剧作家中他最欣赏爱尔兰的约翰·沁孤和比利时的梅特林克。这年冬天，他倾注极大的精力在课外给学生排演梅特林克的童话剧《青鸟》，并取得成功”①。“他本来学的是哲学，英文只能阅读，这时他钻研西方戏剧，认为读剧本必须掌握口语音调，他每月收入有限，却不惜付出昂贵的学费跟一个英国人去学诵读和口语。约在一九二八年，北京大学有一位德国的讲师讲授古希腊语，他为了将来能读希腊悲剧原文，也从繁忙的工作中挤出时间去学。”②

>> 初过而立之年的杨晦

杨晦为什么如此钟情于戏剧，竟然花如此大的精力和时间甚至财力去学习戏剧呢？这与杨晦的性格和气质是分不开的。冯至说，杨晦出身于贫苦的农民家庭，“有一种蔑视艰难困苦而勇于同艰难困苦作斗争的坚强性格”；但同时，由于经常看到农民遭遇到各种苦难，社会上出现各种不平之事，“他也时常流露出忧郁的心情”。一方面坚强不屈，同时又免不了忧郁，这种抑郁不得申而又坚韧不拔的性格与心情正好“在西方的某些悲剧里得到共鸣，他谈讲那些悲剧的情节，像是在述说自己的亲身的经历”③。

---

①冯至：《从癸亥年到癸亥年——怀念杨晦同志》，《杨晦选集》，上海文艺出版社 1987 年版，第 2 页。
②冯至：《从癸亥年到癸亥年——怀念杨晦同志》，《杨晦选集》，上海文艺出版社 1987 年版，第 3 页。
③冯至：《从癸亥年到癸亥年——怀念杨晦同志》，《杨晦选集》，上海文艺出版社 1987 年版，第 2 页。

当然，用文学排遣心中的抑郁，借悲剧净化自己的心灵，这只是杨晦热衷于戏剧的一个方面的原因。事实上，杨晦对戏剧乃至整个文学艺术的认识是清醒的。在他看来，文学如果不反映现实，对人民的苦难现实视而不见、充耳不闻，那根本不是好文学，甚至还够不上真正的文学。因此，杨晦实际上是借戏剧这种他感兴趣的文学形式去传达他对世界、社会、人生的认识，他企望通过戏剧呈现农村“小人物”的真实的生活现实。但是，文学的作用主要是认识世界，在改造世界方面却显得力量薄弱。1933 年，当杨晦写完了《楚灵王》之后，他基本上没有创作新的剧作。杨晦认为，文学创作并非自己的第二生命，这也许是那个时候很多作家的座右铭，但他认为还有比写几个剧本更重要的事情要做。在抗日期间，他经常在课堂上宣扬抗日救国的思想主张。新中国成立后，他把全部的精力都放在教书育人、扶植后进方面。他本可以成为一个更有成就的剧作家，但他把后半生奉献给了教育事业，这在外人似乎不好理解，但在杨晦，却是非常自然的事情。

二、“农民视点”

杨晦创作的戏剧并不多，从《来客》(1923)、《苦泪树》(1926)，到《除夕及其他》(1926)，再到《楚灵王》(1935)，公开发表的完整剧本只有 8 个，除了《来客》发表于北京《晨报》副刊，其余全部刊载在他所创办的《沉钟》周刊或半月刊上。加上早期创作但没有发表的《谁的罪》(1922)、《屈原》(1924)、《夜幕》(1924)，杨晦一生共完成了 11 个剧本的创作①。

①1934 年 11 月，杨晦在《现代》第 6 卷第 1 期上发表多幕剧《伍子胥》的第一幕《郢都楚王宫内》，后因《现代》停刊，全剧没有完成。

20世纪初期的中国戏剧界非常活跃。经过五四先驱们对中国传统旧戏的猛烈批判，人们认识到，依靠旧戏不可能表现现代生活，必须创造“西洋派”的戏。1918年《新青年》第4卷第6期推出了“易卜生专号”，以此为开端，迅速形成了介绍外国戏剧理论、翻译和改编外国戏剧创作的热潮。当时戏剧界非常流行易卜生的社会问题剧。易卜生戏剧提倡个性解放，关注现实生活问题，而且带有鲜明的“写实精神”，这与中国旧戏的“写意”性大不相同。这种强调写实的现实主义精神正好与五四新文化运动完全合拍，具有较大的思想启蒙和社会教化作用。在这样的情形下，提倡“为人生”的艺术，强调写实主义，也成了当时戏剧界的价值风向标。杨晦不可能不受到特定时代的文化潮流的影响，他这个时期也写出了两个“社会问题剧”：一是《谁的罪》，一是《来客》。社会问题剧着眼于提出某些突出的现实问题，剧本的艺术性不一定非常好，但是具有强烈的社会意义，常常引起观众热烈的反响。所以，一时间，这类戏剧比较流行。《谁的罪》上演后，效果非常好，或许是看到了杨晦在戏剧创作方面的天分，或许是杨晦戏剧创作的“忠于现实”的精神与之合拍，当时“爱美剧”的倡导者陈大悲来函表示祝贺，并邀请他加盟北京新中华戏剧协社①。创作于1923年的《来客》也是一部社会问题剧。剧本的情节并不复杂，写的是受五四新文化运动影响的新时代知识青年，在现代爱情与传统婚姻之间的痛苦选择。青年大学生刘春江带着在城里认识的姑娘穆霞影到农村体验生活，给刘的妻子带来巨大的精神压力。一开始，刘春江天真地认为现实的婚姻和理想的爱情可以并行不悖，但是刘的妻子根本无法接受她与穆霞影之间的差距，她被眼前这个温柔漂亮又新潮的城里姑娘震慑了，她想介入他们的圈子，但根本不可能，她成了多余的人。她

①参凌玉建：《寂寞的苦行——杨晦理论批评性格论略》，北京大学中文系2008届硕士论文，第44页。

>>1979 年春摄于家中庭院

没有大吵大闹，只想借助死来改变现实。但同样脆弱的穆姑娘却因此有一种深深的负罪感，结果在雷雨中受惊吓而死。在那个提倡个性解放、恋爱自由的新时代，作者笔下的这幕悲剧表达了他对这一时代风潮的“冷峻的现实性思考”①。

1926 年是杨晦戏剧创作的丰收年，这一年的下半年他几乎每月都有一篇新作出来，创作力非常旺盛。先后有《苦泪树》（1926.1）、《笑的泪》（1926.4）、《庆满月》（1926.9）、《磨镜子》（1926.10）、《老树的荫凉下面》（1926.11）、《除夕》（1926.12）问世，引起人们的注意。1933 年，杨晦完成了

①孙玉石：《论杨晦的文艺思想和文学批评》，《杨晦先生纪念集》，北京大学出版社 2001 年版，第 55 页。

五幕历史剧《楚灵王》,标志着杨晦戏剧创作的高峰。但是,评论界关注得比较多的还是杨晦的独幕短剧。这些独幕剧大多选取北方农村和北京底层人民的生活作为题材,写的是说书艺人、瞎子、雇工、乡村教师、小贩等“小人物”的悲喜故事。《笑的泪》里,相声艺人李大和孙二在北京什刹海、护国寺一带说书谋生,孙二的母亲亡故了,但没有钱发丧,孙二强忍悲痛在人前卖笑。《庆满月》写富有的秦老爷晚年得子,不料在庆祝“满月”的大喜之日,新生婴儿被争夺家族权力的大儿媳掐死,结果秦妻投水而亡,大喜转为大悲。其中还塑造了孤苦无依的张瞎子、贫苦忠厚的老刘头等底层人物形象。《老树的荫凉下面》里的老佟头以卖饽饽为生,虽是自由自在,却在无子的悲哀中苦度残年。其他如刘四爷、赵秀亭、刘耀臣等人,虽然不至于当上“绝户根”的名声,但也只是浑浑噩噩地打发剩余的日子。《除夕》中刚失去儿子的老翁强忍内心的痛苦哄逗小孙子锁柱子,结果连这根唯一的苗苗也在庙里上香的时候被灯笼柱子砸死了。

杨晦早年阅读了大量中外文学名著,对他影响较大的作家有中国的屈原、杜甫,外国的但丁、弥尔顿、约翰·沁孤、霍甫德曼、梅特林克、罗曼·罗兰等①。这些中外作家关注社会现实、关心国家人民命运的现实主义精神对杨晦的影响很大,这在他早期的创作中已有鲜明的体现。杨晦出身于东北的贫苦农民家庭,这使得他对于社会底层人民带有一种特别的同情和眷顾,他的早期剧作可以看作他以文学的方式与这些下层小人物之间产生心灵交流的对话。当然,作为一个受过精英教育的现代知识分子,杨晦又不可能等同于普通农民百姓,他在作品中表现他们,目的是为了批判社会的黑暗现实,激起广大贫苦百姓与悲惨命运相抗争的勇气和斗志。所以,杨晦创作的

①杨晦:《自传》,《杨晦选集》,上海文艺出版社1987年版,第530页。

“农民视点”是带有“启蒙”色彩的[①]。

三、“特殊的色彩”

杨晦的戏剧一问世，就引起了当时文坛的注意。著名戏剧家向培良高度评价杨晦的《来客》，他指出《来客》中“那沉默的，忍受的，把一切悲哀和苦难和怨楚都搁在自己肩上而带它们到井里去的女主人是我们戏剧里的一个创作”[②]。

1924年，杨晦创作了《屈原》和《夜幕》，冯至这样谈他读《屈原》的感受：“我以为最好的要算第三、四、七那三幕了。——因为在那里泄尽了你的悲愤。”他又说《夜幕》犹如“一座荒园”可供我们“凭吊”，内容虽丰富，但还要做些表面的修正功夫。《夜幕》不如用散文写，更能表现“缠绵复杂”的情感。但“我总是爱《屈原》比爱《夜幕》深”[③]。陈翔鹤特别注意到《夜幕》中生活的充实对于戏剧创作的重要性：“我以为这剧本的好处，并不在它的结构与修辞，只在作者关于剧中生活情形之充实，于写时气概之运行，能一直到底不懈。”[④]

20世纪20年代，诗人朱湘认为，杨晦的戏剧“有一种特殊的色彩”，因此“在近来的文坛上无疑的值得占有一高的位置”[⑤]。唐弢在40年代这样评价

---

①孙玉石：《论杨晦的文艺思想和文学批评》，《杨晦先生纪念集》，第58页。
②向培良：《中国戏剧概评》（续），载《狂飙》周刊第13期，狂飙社，1927年1月2日。
③冯至：《致杨晦》（1924年8月上旬），载《新文学史料》1987年第4期，第144页；《致杨晦》（1924年10月22日、11月1日），载《新文学史料》1987年第3期，第22—23页。
④陈翔鹤：《致杨晦》（1924年11月3日），《新文学史料》1987年第3期，第40页。
⑤朱湘：《杨晦》，转引自《杨晦选集》，上海文艺出版社1987年版，第535页。

>>20 世纪 30 年代初杨晦于北平家中

杨晦的《除夕及其他》:“充满散文诗的气息,深沉黯淡,令人心碎。”[1]所谓“特殊的色彩”“散文诗的气息”等都是印象式的表述,那么杨晦的剧作到底特殊在哪里?其“色彩”和“气息”如何?它们又是如何形成的,戏剧的诸因素之间形成了怎样的关系?对于这些问题的解答,在早期的研究评价中很难看到。到 20 世纪 70 年代末,唐弢主编的《中国现代文学史》这样分析杨晦的戏剧:“四幕爱情悲剧《来客》,也渗透着感伤情绪。但稍后在《沉钟》上发表的独幕剧却显示了一种比较特殊的格调。……这些作品大多截取和再现现实中的一个片断,篇幅短小,少有尖锐的戏剧冲突,但生活气息浓厚,口

①唐弢:《沉钟之五》,见《晦庵书话》,生活·读书·新知三联书店,1980 年版,第 212 页。

语的运用颇为出色。”[①]相对前期研究来说，这样的分析更为清楚明白。到90年代，有研究者就杨晦的戏剧展开了更为深入的论析。陈永志在其专著《灵魂溶于文学的一群——论浅草社、沉钟社》中辟出一节来谈杨晦的戏剧[②]。他认为，杨晦在剧本中通过“以喜写悲”“以喜衬悲”，“处处是喜”却“喜中含悲”的方式，将人物的悲剧情绪“浸润”在字里行间，让剧中人物的灵魂都渗透着一种悲哀的情感，这是一种“精湛的悲剧艺术”[③]。此外，杨晦剧作动人的地方还表现于剧中人物的“坚强意志所显现出来的信念与思想的坚执”，而这也是“杨晦对自己美学追求的自觉实践”，他最终来源于杨晦的人格魅力，这正是冯至所说的“坚强的性格”和“忧郁的心情”。最后，他将杨晦精湛的戏剧艺术归结为“生活的充实”“人生的悲悯”“性格的刻划”“悲剧的气氛”等方面[④]。

由上不难发现，杨晦从事戏剧创作不久，很快就从当时流行的社会问题剧转向了农村和城市底层“小人物”生活琐事的描写。不仅题材发生了变化，而且戏剧的技巧方面也与众不同。他非常重视剧本创作，对艺术本身给予高度关注。遗憾的是，杨晦的戏剧大都没有在舞台上演出过，有论者将其原因归为杨晦剧作的“散文化”特征[⑤]，这不能说毫无道理。当时的诗人朱湘也明确指出，《老树的荫凉下面》“这出戏是决无排演之可能的”，“但我们不

---

①唐弢主编：《中国现代文学史》第一卷，人民文学出版社1979年版，第245—246页。

②《铸钟者的努力（一）：杨晦的戏剧》，陈永志：《灵魂溶于文学的一群——论浅草社、沉钟社》，华东师范大学出版社1995年版，第62—71页。

③《铸钟者的努力（一）：杨晦的戏剧》，陈永志：《灵魂溶于文学的一群——论浅草社、沉钟社》，华东师范大学出版社1995年版，第62—64页。

④《铸钟者的努力（一）：杨晦的戏剧》，陈永志：《灵魂溶于文学的一群——论浅草社、沉钟社》，华东师范大学出版社1995年版，第68—71页。

⑤孙庆升：《杨晦剧作散论》，《杨晦先生纪念集》，第146页。

妨把它放上一座虚无的戏台，让我们作它的开明的观众，来赏鉴它的真美”①。

杨晦剧作的散文化特征是比较突出的。具体表现在戏剧氛围的营造、戏剧冲突的展开、戏剧语言的运用等方面。杨晦习惯于在戏剧人物上场之前交代事情的整体氛围，让读者很快进入其中。比如《笑的泪》，时间是暮春的黄昏，背景是什刹海。老槐树底下一群人围着两个说“相声”的哄笑取乐。大人散后，还有几个顽皮的小孩不想走。简单的交代就能让我们明白戏剧的主要人物和大致内容。这里要表现的是北京城市底层说书艺人的悲苦生活。《庆满月》的交代更为成功，夏天的夜晚、秦家坟地、未入土的棺材、大片的草原、坟地旁边的瓜地、潺潺的小河、不远处能听见狗吠的村庄，简单地勾勒几笔，一个静谧、阴森、恐怖的北方乡村的夏夜就呈现在我们面前了，我们很快就有一种期待，这样的夜晚肯定有不祥的事情发生。《老树的荫凉下面》也很有意思。单看题目本身，就像是一篇写景抒情散文。北方乡村的古庙，不知岁年的古柳树，不远处静谧的小水塘，夏末秋初的午后，树下打盹的老头，这些场景就像一幅画，画出了北方乡村百姓平庸琐屑的日常生活，而接下来关于子嗣的戏剧冲突也在更为迫切的生命反思中被推向了更深的层次。当然，在文本展开的过程中，作者没有忘记时时点染这种氛围。《庆满月》中，伴随闪电雷声而出现的坟地的哭声，瓜地旁边白杨树的萧萧声，堡子里的狗叫声，这些都非常有效地加强了戏剧的悲剧氛围。

毫无疑问，没有冲突就没有戏剧。但是，细读杨晦的短剧后可以发现，杨晦对戏剧冲突作了特别的处理。同田汉、曹禺等人的戏剧不同，他的作品中并没有那种针锋相对、你死我活式的白热化的冲突。其作品中的冲突是

①朱湘：《杨晦》，《杨晦选集》，上海文艺出版社 1987 年版，第 538 页。

以一种诗意化的方式渐次展开,或者毋宁说是以一种隐忍的方式呈现出来。正因为如此,有时候我们很难发现冲突的双方,或者有一方出现了,另一方却隐没不彰。《来客》里刘妻与穆霞影似乎是冲突的双方,但两者之间竟然没有一句言辞过激的话,然而两者都轻易地死去了,似乎没有谁对她们的死负责。《笑的泪》除了调皮的孩童与孙二、李大有些言辞方面的辩驳逗乐外,作品中也难找到与孙二产生冲突的人物。《庆满月》里的冲突相对来说比较明朗,秦老爷、秦妻(主要是秦妻)与其儿媳(主要是大儿媳)之间有杀子之仇,但是文本的大部分内容却交给了教书的柳先生与看瓜地的老刘头,构成冲突的主要人物如大儿媳等却始终没有出场。这不能不说是一种特意的安排。在《老树的荫凉下面》里,与其说是老佟头与刘四爷、赵秀亭、刘耀臣之间有冲突,还不如说是老佟头与自己之间形成了对抗。《除夕》的悲剧气氛最为浓郁,但与老翁构成冲突的却是看不见、摸不着的"老天爷"。如此,杨晦短剧的冲突不是来自现实具体的人和事,而是来自某种观念、思想或命运,按照杨晦的观点,这种戏剧冲突实际上是生命意志的斗争和对抗。他认为,意志斗争是构成戏剧的主要成分,没有意志斗争就没有有价值的生活,也就没有真正的戏剧:

剧中的主人,首要的性格是必须具备一种坚定的意志的,他要有所渴慕,有所追求,而且一定要遇有阻碍,或者是事实上的限制,或者是机缘上的错误,或者是小人的颠弄其中,或者是意外的袭来,在这样的种种困难与阻碍之中,挣扎苦斗的结果,或者终于成功了,达到了最后的目的,满足了最初的愿望的,这是喜剧;或者终于失败了,不但所求未遂,而且落得一个惨凄悲哀的结局的,这是悲剧;至于因为苦斗与挣扎的关系,最后虽然得偿所愿了,却早已鳞伤遍体,心碎肠断,奄奄一息,生死异道的，这是人的悲剧，神的喜剧，悲喜剧。总而言之，只有这样才是真正有意义的生活，才会产生真正有价值的戏剧。①

杨晦的这种悲剧观具体表现在他的短剧中，《除夕》里的老翁具有异常坚韧的意志和性格，儿子新亡，却要强打精神带领独苗孙子过一个像样的年，但独苗孙子也被老天夺去了。老翁的精神并没有崩溃，意志也没有被击垮，他绝望的叫喊声里充满了“刑天”式的斗争精神：“……老天爷哟！你是不让我抬头吗？……我偏要抬；你偏不要我抬，我到底要抬，你又怎么着呢?”②“老天爷！你现下不叫我死，我就要活着啦。你看，我还高兴起来了呢！你可怎么样！……老天爷！你有本事为甚么不要我死？就算作孽吧，也该是我作的。……喝一杯再说，管他妈的！……走，小香子，看爷爷带你放鞭去……”③这里的老翁，与杨晦喜欢的屈原、普罗米修斯等人具有同样的生命意志和斗争精神。

朱湘早就注意到了杨晦的文字，因为杨晦对于北京底层社会的情形非常了解，尤其是儿童生活。有了丰富的创作素材，所以杨晦能创造出一些“新鲜的活跳的文字来”④。而且“作者对于京人的土白真是熟悉，你听它们从他的口中多么自然的迸出来，并且多么充满了色彩，这才真是描写民间的文章呢”⑤。比如张瞎子酒醒后在雨中哭诉那一段：

老天爷呀！你忘记我了吗？你怎么不“叫我去”呢？……我一天就这

---

①杨晦：《附记·二十七》，《沉钟》半月刊第 20 期。

②杨晦：《除夕》，《杨晦选集》（一卷本），四川文艺出版社 1988 年版，第 124 页。

③杨晦：《除夕》，《杨晦选集》（一卷本），四川文艺出版社 1988 年版，第 125 页。

④朱湘：《杨晦》，《杨晦选集》，上海文艺出版社 1987 年版，第 535 页。

⑤朱湘：《杨晦》，《杨晦选集》，上海文艺出版社 1987 年版，第 537 页。

么瞎摸瞎撞的，不管是下雨，是阴天，就东拔踏一趟又西拔踏一趟。我这样的瞎眼货还活着作甚么？我白天看不见太阳，晚上看不见星星、月亮，春天看不见花开，秋天看不见叶落。老天爷你可怜可怜我吧！……

……

老天爷！你忘了我吗？你为甚么不叫了我去呢？我过了今个，不知有明个；我过了一天少了半晌。我走到哪里，人家说我是偷小鸡子的。我长了烂疮，人家说是甚么传染。死狗们偏扯我的破衣裳；苍蝇专叮我的烂疮。大人们给我一碗冷饭，小孩子们要在里头吐上口痰，说这是替我加盐酱。老天爷呀！象我还有甚么个活头？……①

这样的文字非常的鲜活，很符合剧中人物的身份。没有对下层百姓生活的细致观察和体会，是不可能写出这样的话来的。杨晦的短剧中，有大段的人物独白和对白。这些对白或独白，冲突性不是很突出，但是读来很有意思，据此我们可以了解剧情的大致内容，人物的性格和形象也基本上呈现出来了。

四、从“隐忍”到“搏击”

杨晦的短剧所写的多是农村和都市下层百姓等“小人物”的悲喜故事，而且作者对其中的冲突作了特殊处理，表现为人物的意志同某种悲惨的命运相抗争。这种抗争没有激烈的行为冲突，而只在人物的内心展开一种“隐忍”式的对抗，剧作中几乎没有对暴力和反抗暴力的直接表现。这可以看作

①吴泰昌编：《杨晦选集》，上海文艺出版社 1987 年版，第 63 页。

剧作集《除夕及其他》中所有剧作的一个共同特征。实际上，杨晦早年也写过表现并批判暴力的剧本，发表在《沉钟》周刊第10期的神话剧《苦泪树》就是以此为主题的。在剧中，东岳帝君为了独自霸占泰山的地盘，与碧霞元君进行斗法。东岳帝君施展法力将山上的花草树木全部移走，让烈日毒晒，以致山灵们无法存身。碧霞元君斗不过东岳帝君，最终泣血哭诉哀求他，但东岳帝君终不为所动，碧霞元君痛苦地向天呼告："苍天哟！我的眼泪当真是不中用的吗？它真敌不过东岳帝君的暴力吗？……苍天哟！你能以这样的奖励暴力吗？"①最后，碧霞元君的血泪也没有唤起老天的同情，她的血和泪只培育出两株鲜红的苦泪树。显然，面对暴力和强势，眼泪是没有用的，只有奋起反抗，以暴制暴，才是真正的出路。1933年，杨晦创作了五幕历史剧《楚灵王》，标志着杨晦心路历程的重要转变。他不再愿意以"隐忍"的方式来对抗社会的黑暗势力，而是像一名战士一样上阵"搏击"，推翻"暴君"，赶走侵略者。该剧从1933年10月开始创作，连载于《沉钟》半月刊第25、26、27、29、30期。1935年5月，《楚灵王》由商务印书馆出版。联想到这个时期的中国社会现实，我们不难理解杨晦此作的真正用意。1931年，九一八事变爆发，日寇侵占了整个东三省，家乡陷落敌手的消息传到北平，杨晦悲痛万分。这时候，蒋介石施行"攘外必先安内"的反动政策，对日节节退让，将东北拱手让给日寇。对内施行高压统治，专制独裁，屠戮百姓，并大肆围剿红军根据地，成为不折不扣的"暴君"。杨晦塑造楚灵王的形象，"典型地描绘了古今中外所有暴君胜利时颠狂的妄想和穷途末路时怯懦而凄惨的心情"②。

①杨晦：《苦泪树》，《沉钟》周刊第10期。

②冯至：《从癸亥年到癸亥年——怀念杨晦同志》，《杨晦选集》，上海文艺出版社1987年版，第11页。

>>《楚灵王》封面

《楚灵王》是多幕剧，历史人物比较多，情节复杂，但写得有条不紊，读来同样非常感人。春秋时期，天下纷争。楚国恃强凌弱，横行天下。剧本塑造的楚灵王，是一个专横暴虐、嗜杀成性的“暴君”。灭掉陈国之后，他又将目标转向蔡国。他施展诡计，诱杀蔡侯，并兵临城下，大肆屠戮蔡国百姓，将蔡世子有当作牺牲活祭九岗山的神。接着又马不停蹄，举兵入侵徐国。正当楚灵王沉醉在取代周天子“南面为王”的美梦中时，蔡大夫之子朝吴联络已封为蔡公的弃疾、楚公子子干、子皙等人，共同起事，一举攻克郢都，诛杀楚太子。此时，正在乾溪台宴乐的楚灵王尚蒙在鼓里，朝吴又令人传唱歌谣，扰乱楚灵王身边将士的军心，等到楚灵王醒来，众人皆叛，早已四散逃逸。不可一世的楚灵王见大势已去，脱下王袍，仓皇出逃，像一条丧家之犬一样彷徨在荒野里，最后自缢身死。

剧本里出现了许多不畏强暴、誓死报国的英雄形象。如蔡大夫归生，虽近耄年，却戮力卫国，不负蔡侯所托。楚军兵临城下，他亲自披挂上阵，准备督战，结果口吐鲜血，跌落马下而亡。蔡世子有，虽成刀俎之肉，但并不辱节，慷慨赴死。还有事楚的蔡人萧绪，见蔡侯及大夫均被杀，挺身而出，向暴君表明身份，以死报国。就是羔羊般的蔡侯，在临去楚国赴约前，也表现得那样决绝果敢，想凭一己之身死换得蔡国社稷平安。此外，还有行事果敢、有勇有谋的蔡人朝吴，心地善良、胆小怕事的楚公子弃疾，骄横霸道、愚顽无知的楚世子禄，替父报恩、一味愚忠的申亥，甚至那些卖笑争宠、命若草芥的楚国宫女，都一一粉墨登场，活灵活现。这些人物形象颇能见出杨晦在戏剧创作方面的功力。比如第四幕的第一场，写楚国宫女唐娥夜间偷至楚王寝宫照镜自乐，结果被众宫女发现，因其腰粗，众人对她玩恶作剧，将其捆绑待罚。其间有四个宫女，没有名姓，作者分别以宫女一、二、三、四标示。她们虽然都有争宠之意，但各人的脾性都不同，宫女一恃宠凌人，肆无忌惮，睚眦必报；宫女二稍显善良，能够同类相惜，却好捉弄人，捆绑唐娥的主意就是她出的；宫女三嘴尖口快，幸灾乐祸；宫女四心地善良，遇事冷静，爱打抱不平。这些不同的性格全部依靠各自的语言表现出来，如宫女一看到唐娥照镜起舞，很鄙夷地说："你看，那不是唐娥那'金鱼'，真不要脸，她怎么会跑到这里来，也不照照镜子，看那份德行。"①后来在同唐娥扭打的过程中，宫女一被唐娥发现她的细腰也是假的，完全靠束腰巾紧勒，唐娥正欲说出，她立即露出凶残的一面，气急败坏地说："你你……你敢瞎说，你这个烂舌根的，看我撕你的嘴，拔你的牙……"②寥寥几笔，形象尽显。

剧本里，楚灵王是作者重点塑造的人物典型。杨晦采用了语言描写、心理刻画、细节描写、环境烘托、侧面衬托等多种手法描绘这个暴君形象，有效地避免了刻板化和脸谱化的写法，使得我们看到了一个全面、立体、丰满的历史人物形象。剧中，有几个细节能够突出楚灵王的暴虐。蔡人萧绪自报家门，向楚王领死，楚王一剑将萧绪挥作两半，随后哈哈大笑，随手将宝剑一丢，削掉了身后一内侍的半边头颅，他却轻描淡写地说："这样饭桶，一碰就倒。"③还有他醉酒后，在睡梦中把侍女当作母鹿砍杀的场景，读来不寒而栗。但是，楚灵王不单是残暴的，他并不怕死，而且不喜欢部下优柔寡断、婆婆妈妈的样子。蔡国大夫蔡洧就是因为在临刑时哭哭啼啼，楚灵王受不了才让

---

①杨晦：《楚灵王》，《杨晦选集》，上海文艺出版社 1987 年版，第 166 页。
②杨晦：《楚灵王》，《杨晦选集》，上海文艺出版社 1987 年版，第 171 页。
③杨晦：《楚灵王》，《杨晦选集》，上海文艺出版社 1987 年版，第 130 页。

他捡了一条命。楚灵王有周行天下的壮志，若能威加海内，独步当世，就算是死去也不足惜。所以，他虽然残暴、专横，高傲无匹，却不失霸王气概。最后，他的众部将皆叛，只有郑丹、倚相及少数随从还跟着，他却一反常态，叫他们各投门路，不要为他耽误前程。征来的民船，他也安排退还，不牵连无辜遭殃。在楚臣家中，申亥以二女相送，他无法接受这样的善意，竟然说出“啊啊，你这两个纯洁天真的少女啊，我为你们祝福”①的话来。人之将死，其言也善；鸟之将亡，其鸣也哀。这才是真实完整的人性。

不难发现，杨晦的剧作大致经历了两个阶段：前一个阶段是 20 世纪 20 年代，主要作品是剧作集《除夕及其他》；后一个阶段是 20 世纪 30 年代，代表作品是五幕历史剧《楚灵王》。这两个阶段在剧作类型、作品内容以及创作姿态方面都有所不同，显示了作者艺术思想与心路轨迹的变化。

杨晦前一阶段的剧作关注下层人民的贫苦命运，受 20 世纪 20 年代社会问题剧的影响，其创作多围绕当时的社会问题展开。与流行的社会问题剧不同的是，他喜欢用散文诗式的语言和气氛来写戏剧，他的散文化短剧写得“深沉黯淡”，长于点染情感氛围，带有散文诗的气息。其剧中人物之间的外在行为冲突并不突出，作者更善于展现小人物的意志与悲惨命运之间的隐忍与抗争。杨晦后期的历史剧一改“隐忍”的剧作题旨，以“搏击”的姿态来对抗社会黑暗势力，这是其创作心路历程的重要转变。

杨晦的戏剧创作在 20 世纪二三十年代独具特色，可惜未能上演，或许与其散文化的审美特征有关。但作为戏剧创作的一种新尝试，自有其美学意义和价值，值得我们关注。

---

①杨晦：《楚灵王》，《杨晦选集》，上海文艺出版社 1987 年版，第 194 页。

第五章　乱世苦译

一、英雄的赞歌

杨晦对外国文学非常痴迷，他广泛阅读了从文艺复兴到19世纪后期西方文学的经典，在一段时间里，他"成天"同莎士比亚、尼采的书"厮磨"①。在西方作家中，杨晦尤其喜欢爱尔兰的约翰·沁孤、德国的霍甫特曼、比利时的梅特林克、法国的罗曼·罗兰等欧洲著名作家。杨晦虽然是哲学专业出身，接触了许多外文原著，但他还是坚持每天都补英语的课。大概在1925年前后，杨晦似乎是被"一种奇异的幻想所驱使着——或者也可以说他是想磨炼自己——他以为应当将英文学得有如一个真正英国人一般的好，所以他竟不惜每天跑到一个英国人家里去补习英文"②。不仅是杨晦，沉钟社其他成员的外语功底都非常厚实。实际上，他们这样做是有一定的功利目的的。

①杨晦：《魔鬼的俘虏》，《沉钟》半月刊第1期，1926年8月。
②陈翔鹤：《关于"沉钟社"的过去现在及将来》，《中国新文学大系·史料·索引》，第195页。

在《沉钟》创刊的时候，他们就计划在外国文学译介方面做点事情。事实上，从《沉钟》周刊到半月刊，几乎每一期都发表翻译作品。1927 年 7 月，《沉钟》半月刊出了一期译介外国文学的“特号”，介绍了美国的著名作家爱伦·坡和德国作家霍夫曼。杨晦翻译了爱伦·坡的两首长诗《钟》和《乌鸦》。1928、1929 这两年，《沉钟》半月刊告停，杨晦主编《新中华报》以及《华北日报》的文艺副刊，沉钟社的同仁也在上面发表了许多译作。杨晦翻译了莱蒙托夫的《当代英雄》和埃斯基拉的《被幽囚的普罗密修士》，先是连载在这两个刊物上，后分别由北新书局和人文书店出版。从 1927 到 1930 年，沉钟社还组织出版了“沉钟丛刊”，其中也包含了翻译作品。杨晦翻译的罗曼·罗兰的《悲多汶传》就作为“沉钟丛刊之三”出版。此外，杨晦还翻译了歌德、弥尔顿等人的短篇或长篇片段以及介绍但丁、约翰·沁孤等人的评论文章。

杨晦的翻译是有选择性的，罗曼·罗兰的《悲多汶传》和古希腊埃斯基拉的《被幽囚的普罗密修士》都是他从英文译本转译过来的。“悲多汶”即德国音乐家贝多芬，该传叙述了贝多芬一生坎坷不屈的生命历程。贝多芬出身于贫苦的家庭，自幼便表现出超人的音乐天赋，但他的父亲却逼迫幼小的贝多芬为面包到处去表演。更不幸的是，他的悲惨命运始终伴随着他的一生。接下来，丧母、耳聋、失恋、悔婚、断接济、失嗣等一连串的打击接踵而至，但贝多芬没有被击垮，他对艺术的爱和对生活的爱战胜了他个人的苦痛和绝望，苦难变成了他的创作力量的源泉。他创作的作品体现了他那巨人般的性格，反映了时代的进步思想。他通过苦难走向了欢乐，通过斗争获得了胜利。贝多芬和他那个时代融在了一起，他的音乐表现了个人与时代的痛苦与不幸，也激励着人们去奋斗和抗争。杨晦的经历和贝多芬有几分相似之处，贝多芬的不幸遭遇和奋斗经历也激励着这个处于困苦中的青年人。这时候，杨晦在山东济南教书，在教学之余，杨晦挑灯夜战，一篇一篇地翻译，译好后就寄给北京的《沉钟》同仁发表，该传记陆续刊载于《沉钟》周刊第1、3、4、6、7期，并在1927年7月由北新书局出版。1931年，傅雷翻译了《贝多芬传》，但因此前已有杨晦、徐蔚南等人的译本，故未能出版；十年后傅雷又重新翻译了此书。这样来看，杨晦翻译的《悲多汶传》应该是国内比较早的中译本。虽然后来出现了其他译本，但是杨晦的译介之功是不能被抹掉的。应该说，《悲多汶传》的翻译是成功的，他的朋友陈翔鹤读过之后这样说："《悲多汶传》译文昨天才读过一遍，觉得与读英文本有同样的感动。译笔确是不错，因为是自己的朋友，所以反倒不好意思赞扬了。"①

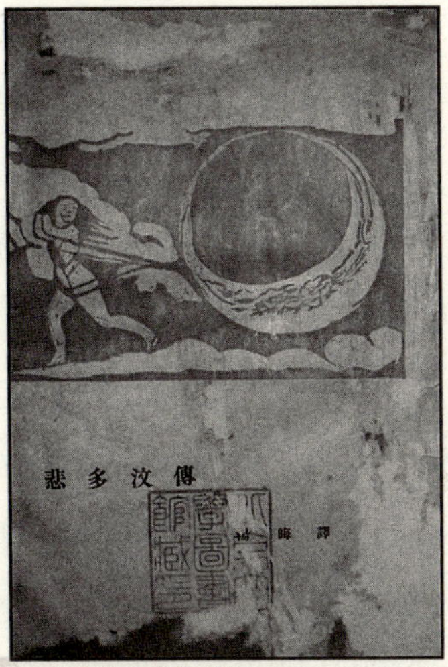

>>《悲多汶传》封面

杨晦转译古希腊悲剧家埃斯基拉的《被幽囚的普罗密修士》，也是出于同样的目的。该剧情节并不复杂。一开始上场的是力、暴力以及火神，他们

①陈翔鹤：《致杨晦》(1929.9.24)，《新文学史料》1987年第4期，第163页。

奉命押着普罗密修士（即普罗米修斯）到高加索山崖并锁住他，叮当的声响惊动了海洋的女儿们，她们循声前来表示哀怜，接着她们的父亲海洋来规劝普罗密修士，但并未奏效。紧接着上场的是哀阿，她因为被宙斯爱上惹怒了天后赫拉，被赫拉变为一头母牛，每时每刻受牛虻的叮咬而到处漂泊。最后上场的是宙斯的使者赫密兹，他受宙斯旨意向普罗密修士逼问一个秘密，但是普罗密修士始终没有屈服。

杨晦早在1926年就翻译了这个剧本，他在此书的小引中说道，这是他三年前的旧译，译的时候在天津，所根据的是“世界名著”中堪培尔的英译本，同时还参考过 Blackie 和 Pottor 两种译本。因为这些本子都是韵文的形式，所以当时也就写成了分行的形式。但是考虑到翻译韵文最好采用忠实而又带些诗意的散文，所以最后又根据 Smyth 的散文译本改译成现在的样子①。古希腊戏剧研究专家罗念生曾谈到，五四运动后不久，他就读到过杨晦翻译的埃斯基拉的悲剧《被幽囚的普罗密修士》，大概从20世纪二三十年代开始，一些古希腊悲剧已经被翻译过来，除了杨晦翻译的《被幽囚的普罗密修士》外，30年代石璞翻译了埃斯库罗斯的《阿伽门农》、索福克勒斯的《安提戈涅》，后来赵家碧又翻译了欧里庇得斯的悲剧《美狄亚》，李健吾翻译了埃斯库罗斯的《普罗米修斯被绑》，叶君健翻译了《亚格曼农王》（即《阿伽门农》）②。这样看来，杨晦的这个译本就有可能是国内最早的古希腊悲剧译作，其价值当不可小觑，对于国内古希腊悲剧研究及翻译者来说，这个本子是一项比较重要的文献资料。然而，杨晦自己对这个译作并没有看得太重。他说道，希腊文是最难翻译的，尤其是埃斯基拉的悲剧。因为“原文太雄伟

---

①〔古希腊〕埃斯基拉著，杨晦转译：《被幽囚的普罗密修士》，人文书店出版社1932年版，第9页。
②罗念生：《论古希腊戏剧》，中国戏剧出版社1985年版，第1—2页。

了”,“现在这不懂希腊文的转译自然是不会满意”,充其量只能看作一种过渡时代的权宜之计,若能引起参读他种译本人的关注或者促进他人深入研究希腊文,“那就译文虽劣,聊足补过了”。杨晦翻译完了这个作品,才深感这个悲剧的伟大,他说原剧读起来“往往会生中气不足之感”,他认为,无论是出于好奇还是敬慕,我们都有必要了解这个为了救人类而被幽囚者的故事[1]。

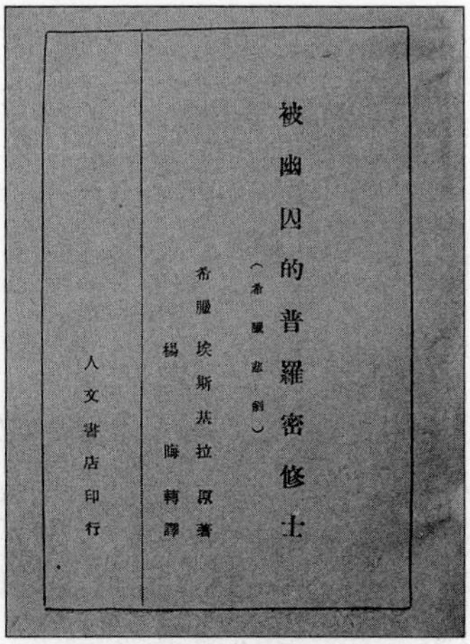

>>《被幽囚的普罗密修士》封面

译完后,杨晦还撰写了一篇题为《普罗密修士》的评论文章,附在书的后面。在这篇感情激昂、文采华丽的文章里,杨晦向我们阐明了他翻译这个悲剧的意图。他说:“人生是一种试炼,是一种凄惨的试炼。你要强韧地忍受痛苦,要坚实地承受磨折,你要愤激,你要愤激地反抗一切。要于百炼之后如同精金一般,要于疮痛之余不肯低头;这才显出真正强者的本色。”[2]普罗密修士就是这样一个不畏权势、能够承受一切痛苦折磨的“强者”,所以,杨晦把他看作青年人的精神“导师”,是“人类的光明”,是我们的“生命之海”,力量的泉源。他呼吁热血青年顶礼朝拜这位为人类而战、为人类受罪的英雄。

二、“多余人”的哀曲

由于编辑《沉钟》,杨晦同鲁迅有过一些交往,《鲁迅日记》中有多处关于

①〔古希腊〕埃斯基拉著,杨晦转译:《被幽囚的普罗密修士》,人文书店出版社1932年版,第9—10页。
②杨晦:《普罗密修士》,《杨晦文学论集》,北京大学出版社1985年版,第12页。

杨晦的记载，1929 年 5 月 15 日鲁迅从上海回北京探望母亲，在北京期间，杨晦与沉钟社同仁去看望鲁迅，并宴请鲁迅先生。《鲁迅日记》1929 年 5 月 24 日记："上午郝荫潭、杨慧修、冯至、陈炜谟来，午同至中央公园午餐。"[①] 5 月 27 日记："凤举、旭生邀饮于长美轩，同席尹默、耀辰、隅卿、陈炜谟、杨慧修、刘栋业等，约十人。"[②] 5 月 29 日记："杨慧修来。"[③] 9 月 13 日记："上午收杨慧修所寄赠之《除夕》一本。"12 月 24 日记："下午收杨慧修所寄《华北日报附刊》两本。"[④] 1934 年 10 月 17 日记："晚得杨晦所寄《除夕》及《被囚的普罗密修士》各一本。"[⑤] 1935 年 9 月 6 日记："下午杨晦、冯至及其夫人见访。"[⑥]

从鲁迅所记载的情况来看，杨晦诸人在 1929 年同鲁迅的交往最密。事实上，他们从《沉钟》创办的时候就开始同鲁迅交往了。据冯至回忆，1926 年 5 月到 7 月之间，鲁迅还在北京，沉钟社诸人经常到鲁迅家中去拜访他[⑦]。他们谈人生和时事，谈文学创作以及翻译，鲁迅对他们坚持办刊表示高度赞赏，但也感觉他们过于忧郁沉闷。他们虽然想做一番事业，却找不到方向，对前途颇为迷惘。这实际上不是某个人的问题，而是整个时代的通病。20 世纪 20 年代，特别是大革命失败后，许多青年看不到社会的出路，于是堕落沉沦，消极玩世。这与俄国作家莱蒙托夫的长篇小说《当代英雄》中的情形颇为相似。可能是因为这层原因，鲁迅建议沉钟社翻译这部小说。

---

①《鲁迅全集·日记》，《鲁迅全集》第十六卷，人民文学出版社 2005 年版，第 135 页。
②《鲁迅全集·日记》，《鲁迅全集》第十六卷，人民文学出版社 2005 年版，第 135 页。
③《鲁迅全集·日记》，《鲁迅全集》第十六卷，人民文学出版社 2005 年版，第 136 页。
④《鲁迅全集·日记》，《鲁迅全集》第十六卷，人民文学出版社 2005 年版，第 164 页。
⑤《鲁迅全集·日记》，《鲁迅全集》第十六卷，人民文学出版社 2005 年版，第 479 页。
⑥《鲁迅全集·日记》，《鲁迅全集》第十六卷，人民文学出版社 2005 年版，第 551 页。
⑦冯至：《鲁迅与沉钟社》，见《鲁迅回忆录》（二），上海文艺出版社 1979 年版，第 8 页。

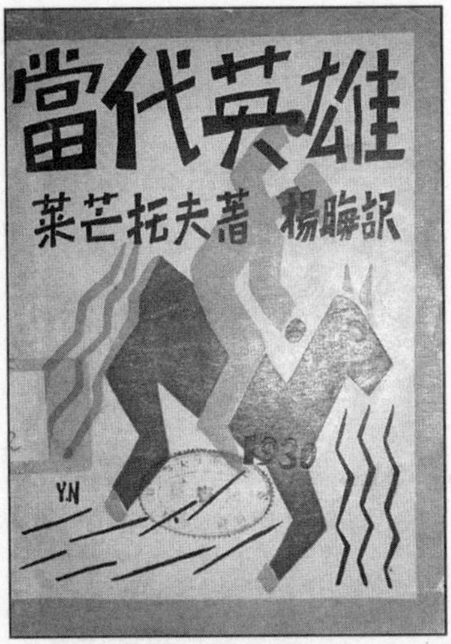

>>《当代英雄》封面

《当代英雄》是俄国19世纪著名作家莱蒙托夫写的一部社会心理小说，由《培拉》《马克西谟·马克西谟基》《塔满》《定命论者》《普林赛司·玛利》五个故事组成[①]。主人公皮喀林是一名到高加索服役的贵族青年军官。他精力充沛，才智过人，在他的内心深处似乎埋藏着有所作为的渴望，但他到处都找不到生活的目标，因而养成玩世不恭的处世态度，将自己的充沛精力消耗在半真半假的恋爱游戏和冒险行动中，给别人带来痛苦和不幸。最后，他毫无目的、毫无意义地死在去波斯的路上。这是一个貌似高尚、实则卑鄙的利己主义者，终日以拈花惹草、追逐女性、折磨情人为乐的花花公子。他也有批判激情和忧患意识，但惰于实践，止于行动，终没有用武之地，实际上是“思想上的巨人，行动上的矮子”。皮喀林既是俄国社会的产物，同时又与社会对立，不能融入社会。他是当时俄国青年一代的代表，他们找不到施展抱负的机会，因而进入了“多余人”行列。

据杨铸先生编的杨晦年谱，1929年7月，杨晦遵从鲁迅的建议自英文转译《当代英雄》，连载于7月至10月的《华北日报》文艺副刊，署名寿山。但笔者认为杨晦真正动手翻译该书应该比这个时间要早，《当代英雄》篇幅很长，在短短的几个月内恐难完成。陈炜谟1927年11月8日写给杨晦的信中

①［俄］莱蒙托夫，杨晦译著：《当代英雄》，北新书局1930年版。

说："你一面译《当代英雄》，一面亦该写两个剧本。"[①]有可能杨晦一时无法着手这个事情，所以到第二年三月初，陈炜谟又提醒他："《当代英雄》我预计了一下，至迟四月尾便译好了。"[②]所以，杨晦应该在1928年就开始翻译这本书了。可能是因为时间太仓促，这部长篇的前面几章翻译得并不太理想，有许多句子都是直译过来的，因而读起来有些生硬，可以略举几例：

因为驿站内的旅舍的缺乏，我们被指给一家烟气弥漫的茅屋作了宿处。……这宽阔的茅屋，这凭靠在两根烟熏火燎的柱子上的屋顶，其中充满了人们。[③]

"要放些甜酒在你的茶里你以为然么？"我对我的旅伴说。[④]

这孩子多么是一个冒失鬼啊！甚么事情都冒失到了……他是怕人地贪图银钱。[⑤]

我对于这话也承认了……我能够作甚么呢？有些个人你对于他们只有无话可说地来承认一切。[⑥]

以上几句都带有不同程度的语病，或是不符合语言习惯，或是文白相杂，或是修饰语用得不当。但随着翻译的深入，这样的句子就越来越少了，用语渐入佳境，尤其是描绘风景的句子和人物对话的段落，译得非常流畅自然，就好像是译者在转述一个活鲜动人的故事，文字中跳跃着一种充沛且急

①陈炜谟：《致杨晦》(1927.11.8)，《新文学史料》1988年第1期，第171页。
②陈炜谟：《致杨晦》(1928.3.1)，《新文学史料》1988年第1期，第172页。
③〔俄〕莱蒙托夫，杨晦译著：《当代英雄》，北新书局1930年版，第10页。
④〔俄〕莱蒙托夫，杨晦译著：《当代英雄》，北新书局1930年版，第13页。
⑤〔俄〕莱蒙托夫，杨晦译著：《当代英雄》，北新书局1930年版，第18页。
⑥〔俄〕莱蒙托夫，杨晦译著：《当代英雄》，北新书局1930年版，第42页。

切的情感。尽管该译作有些瑕疵,但不可忽略其在中国现代翻译文学史上的意义和价值。自五四以来,中国新文学界对莱蒙托夫的译介就有些冷清,而且一直将他作为天才的诗人来看待,其作为小说家的实绩并不曾被中国读者所知晓。鲁迅早在《摩罗诗力说》中就将莱蒙托夫作为“立意在反抗,指归在动作”的摩罗诗派诗人来介绍。他自己曾计划翻译莱蒙托夫的《当代英雄》,准备在《域外小说集》中发表,但小说最终未译出,《域外小说集》也因销路问题停版了[①]。后来鲁迅建议沉钟社翻译这部小说,才有了杨晦的这个译本。学界认为,“这是《当代英雄》在中国的第一个全译本,并首次采用了与现在的通译名一致的名字,译文也比较忠实”[②]。

这个时期,杨晦的译事比较多,遗憾的是由于各种客观或主观的原因,很多翻译工作都没有坚持下去。从20世纪20年代末开始,杨晦就着手翻译《罪与罚》,已经译出了两万多字,正准备在他主编的《新中华报》《华北日报》文艺副刊上分章发表的时候,有一位颇为自负的“诗人”特地写信来阻止,说他早就准备动手翻译了,于是赶译出一部分送到杨晦编的副刊上发表。这个诗人当时正患肺病,出于怜悯,杨晦照着他的意思办了,而他自己的译稿却被搁置在抽屉里,放了一段时间,杨晦干脆撕碎烧掉了。后来,杨晦又受《世界文库》编者之约翻译莎士比亚的悲剧《李尔王》,已经译出了两幕,后来《世界文库》编者改变计划,要分册印单行本,但在书目预告中竟然没有杨晦翻译的《李尔王》,杨晦很是失望,加上他这个时候生活开始出现极大变动,这个翻译工作就丢下了,那两幕译稿被保留在身边,最后杨晦在去

---

①参谢天振、查明建主编:《中国现代翻译文学史(1898—1949)》,上海外语教育出版社2004年版,第150页。

②谢天振、查明建主编:《中国现代翻译文学史(1898—1949)》,上海外语教育出版社2004年版,第154页。

西北大学的时候毁掉了。在客居广东乐昌期间，杨晦还翻译了一万多字瓦希列夫斯卡的《池沼上的火焰》以及几页《拿破仑第三政变记》，后因人事变迁最终都没有继续下去①。20世纪30年代中期，杨晦还翻译了莫里哀的戏剧十五种，稿子由沈尹默转给商务印书馆，但因战乱突起，辗转迁移，不仅没有出版，而且连原稿都丢失了。此外还有五六篇《柏拉图对话集》的译稿，交给了郑振铎准备在《世界文库》上发表的，也因刊物停办而丢失了②。

三、"黄金的悲剧"

与对待其他译作的态度不同，杨晦翻译莎士比亚的《雅典人台满》却是一鼓作气完成的。当然，从最初计划到最后完成也经历了一段过程。实际上，这段时期杨晦的内心是极为痛苦的。1940年，杨晦客居在广东乐昌的一个幽静的农场里，受到农场主殷情的招待和帮助。但是，正在这一年，与家人一起逃难到南方的七旬老母却客死在云南的澂江了。为了一家人生计，杨晦一直在别处谋职，不能侍奉老母。因受到教育界伪君子的欺骗作弄，杨晦的补给不能及时跟上，老母饥病交煎，撒手而去了。因为没钱，遗体竟抬不出去。此时正值夏季，遗体腐臭，境况甚为凄惨。杨晦在广东如坐针毡，整日无所事事，每天跑到六七里之外的乐昌县城去坐茶馆看书。杨晦满腔的愤懑和悔恨无处排遣，从这个时候起，他决定翻译《雅典人台满》。但是他真正着手翻译是从1943年9月开始的，10月底就译完了。当时杨晦在陕西城固，任西北大学中文系教授。由于反动势力的挤兑胁迫，杨晦心情很不

①杨晦：《我为什么要译〈雅典人台满〉》，《杨晦文学论集》，第97—98页。
②杨晦：《自传》，《杨晦选集》，上海文艺出版社1987年版，第532页。

好，想要反抗，但却无法走上街头，所以就关起门来翻译这个作品，以此来向社会抗议[1]。

>>《雅典人台满》封面

杨晦翻译时，依据的是克莱格（W. J. Craig）编的《莎士比亚全集》（牛津大学出版社出版），同时参考了牛津版的《莎士比亚词汇》。但是还有很多问题无法解决，幸好第二年到重庆中央大学后碰上了老朋友蔡仪，他代借到了坪内逍遥的日译本，以供参考。译完后，蔡仪帮着校对，解决了许多问题。1944年10月，译作由重庆新地出版社出版。译作前有杨晦写的长达一万四千余字的译序，后收入《杨晦文学论集》，题为《莎士比亚的〈雅典人台满〉》。在序言里，杨晦采用了社会—历史批评的方法，对莎士比亚的经历和当时英国社会的状况作了分析。杨晦指出，莎士比亚的《雅典人台满》写于1607年左右，这个时候，代表英国封建社会盛世的伊丽莎白时代已经过去，封建的统治开始动摇崩溃，封建的伦理道德、人情关系等等都开始被破坏。莎士比亚像一位哲学家或者经济学家一样，以戏曲的形式向社会发出愤怒的呼号：造成这一切罪恶的就是黄金。在这种情况下，莎士比亚写出了《雅典人台满》，与其说这是一个剧本，毋宁说是“一篇哲学的论文，或是一本政治的小册子”，莎士比亚也不是“一个舞台上表演世相的艺术家，而是一个在十字街头奔走呼号的煽动者了，成

①杨晦：《我为什么要译〈雅典人台满〉》，《杨晦文学论集》，第98—102页。

为真正现代意义的一位战士"[1]。因此,该剧作的批判性是非常突出的:"《雅典人台满》这个故事……对当时的英国社会,很像把衣裳给剥光,用鞭子在疯狂地鞭打一样。"[2]对于莎士比亚的悲剧,杨晦不同意当时理论界流行的"性格"悲剧的观点。他认为"性格"悲剧的说法实际上是取消了悲剧,因为无论结局如何,最后都归咎为人物的悲剧性格。表面上似乎抬高了"人"的主体性,实际上取消了"人"的意义。事实上,所谓"性格"悲剧的背后,还有经济的、政治的和社会的种种外在因素在起作用。正是站在这样的立场,一般的批评家认为,《雅典人台满》要比莎士比亚以前的悲剧大为减色,甚至有人认为出自别人之手。杨晦一反这种批评成见,认为这部作品恰恰是"莎士比亚作品中最重要的一篇东西"[3],要了解莎士比亚和他的时代社会,就必须研究《雅典人台满》。莎士比亚的伟大就表现在,他预先向人类告知了"黄金的悲剧"。这个观点在当时的戏剧界和批评界无异于空谷足音！杨晦的这篇批评文章大概是中国最早的历史主义莎士比亚论。有人认为,杨晦关于莎剧《雅典人台满》的评论文章很有价值:"该文力图运用马克思主义观点来分析莎士比亚剧作,是40年代中国莎评的重要论文。"[4]

杨晦尤其关注《雅典人台满》第四幕第三场中台满诅咒黄金的独白:"黄金呀！黄澄澄的,闪光的,贵重的黄金呀！……这么多的这种东西会使黑的白,丑的美,错的对,贱的贵,老的少,怯的勇起来的。"[5]这段话曾经被马克思引用了两次,一次是《资本论》,一次是《1844年经济学哲学手稿》,足见其重

---

①杨晦:《莎士比亚的〈雅典人台满〉》,《杨晦文学论集》,北大出版社1985年版,第80页。
②杨晦:《莎士比亚的〈雅典人台满〉》,《杨晦文学论集》,北大出版社1985年版,第83页。
③杨晦:《莎士比亚的〈雅典人台满〉》,《杨晦文学论集》,北大出版社1985年版,第84页。
④谢天振、查明建主编:《中国现代翻译文学史(1898—1949)》,上海外语教育出版社2004年版,第282页。
⑤〔英〕莎士比亚著,杨晦译:《雅典人台满》,新地出版社1944年版,第162页。

要性。当时,杨晦就是因为被这段“黄金诅咒”给震动了,为了让更多的人能够理解这段独白的意义,他才产生了翻译这个剧本的念头。

杨晦的翻译有一个鲜明的特点,那就是译过之后,一般都会对这个作品进行评价,也就是将译和介结合起来。除了翻译文学名著之外,杨晦还重视翻译西方古典文艺理论,如柏拉图的《对话集》、朗该诺斯的《庄严论》(今译:朗吉弩斯《论崇高》)、卡莱尔的《为诗人的英雄》等①。

四、译介成就与理念

杨晦的翻译与戏剧创作几乎是同步进行的,在这一情形下,两方面的工作定会相互影响。细读杨晦的译作,可以发现他对作品中的场景描写特别重视,往往用一些极富画面感的形容词和动词转译出来,读来似乎历历在目:

在那些憔悴地倾斜到水边的田野里,随着那些披着雾帔的赤杨,那些枝叶茂密的灌木,那些迎风招展的杨柳和那些没根在沉默的急流的果树。而且一切都温柔和平地斜欹在那些崖岸上,特别显着宁静的,是那些城镇,教堂,甚而墓场,至那七山(Seven mountains)的苍颜翠色远远地随着那峻削的巉岩展示在青天里,给那些婀娜,纤长,梦境朦胧的颓败古堡的阴影形成了一种很动人心目的背境。②

天气热起来了。白的,参差的轻云从那覆雪的山头迅速地飞飘着,给你一种雷雨的预期;玛苏克山的顶处烟蒙着好像一枝刚刚熄灭的火

①参陈永志:《灵魂溶于文学的一群——论浅草社、沉钟社》,华东师范大学出版社1995年版,第94页。
②〔法〕罗曼·罗兰著,杨晦转译:《悲多汶传》,北新书局1925年版,第15—16页。

把；灰色的云卷好像长蛇一般绕着山头盘旋着，匍匐着，在它们飞快的拂掠中被拘留了，这仿佛是被钩悬在山头的多刺的丛莽。大气里充满了电流。我急投到直通山洞的蔓藤的荫路里来。①

杨晦从小就对山川大地、花草树木等自然景观具有浓郁的兴趣。进入中年后，他又关注过素描、木刻版画等艺术，并就此写过几篇相关的评论文章。到晚年，杨晦甚至将大部分精力转向了对中国古代绘画、雕塑等造型艺术的研究。从这些事例中，我们可以找出杨晦文艺创作与理论研究的审美趣尚与兴奋点所在。在文学方面，杨晦创作的基本上是戏剧。他的剧作有一个鲜明的特点，那就是善于描绘独特的场景，借以渲染一种氛围，达到一种效果，特别是他早期写的一些散文短剧，一开始就用寥寥几笔勾勒出与剧情相符的画面，以引起一种独特的情感气氛，如下面几例：

春江村外的牧场。有树数株。四围有禾稼。远处有杨树数株，坟数堆，靠近有瓜窝棚一座，均隐约可辨。阴云四布，雨淋淋不止。②

在野地里。靠近秦家坟地东北角的一间窝棚。门前放有两条板凳，上面并架有秫稭铺成的荫棚。坟是背西朝东的方向。周围两行白杨树。……西北角浮厝着一具未入土的棺材，靠坟地的东面和北面种有一大片的香瓜……这个地方距堡子——即村庄，约有二里远近。夜间能望见堡中的灯火，并能听见鸡鸣狗吠以及呼喊一类的声音。③

乡村的一座古庙旁，有一棵老大的柳树。庙前是一片空场；庙东距

①〔俄〕莱蒙托夫著，杨晦译：《当代英雄》，北新书局1930年版，第211页。
②杨晦：《来客》第二幕第三场，见《杨晦选集》（一卷本），四川文艺出版社1988年版，第22—23页。
③杨晦：《庆满月》，见《杨晦选集》（一卷本），四川文艺出版社1988年版，第65页。

老树不过一丈远近，便是一个水泡子。这是一个夏末秋初的午后：日已斜西，天色快晚了。①

稍作对比不难推知，杨晦在戏剧创作中对场景环境的描绘渲染，不仅来自其对天地山川等自然景貌的艺术敏感，而且还直接受惠于他所翻译的作品中的场景环境描写。但比较而言，杨晦翻译得最好的还是戏剧，尤其是人物的对话。自20世纪20年代初开始，杨晦就与戏剧结下了不解之缘，在此后长达60余年的时间里，杨晦从事的创作、翻译、批评、理论研究等，都离不开戏剧。可以说，戏剧构成了杨晦学术生涯的主线。在戏剧创作上，杨晦喜用北京的方言俚语，非常符合剧中人物的身份，具有较强的表现力。这种语言技巧也被用于他的戏剧翻译上，使得译作也带上了某种独特的"色彩"，比如《雅典的台满》第一幕第一场的人物开场对话，原文如下：

POET　　Good day, sir.

PAINTER　　I am glad you're well.

POET　　I have not seen you long. How goes the world?

PAINTER　　It wears, sir, as it grows. ②

对于这段对话，杨晦的译文是：

诗人　你好呀，先生。

---

①杨晦：《老树的荫凉下面》，见《杨晦选集》（一卷本），四川文艺出版社1988年版，第89页。

②原文引自王丽莉注释：《雅典的泰门》（"莎士比亚注释丛书"之一），商务印书馆2003年版，第4页。

画家　托你的福啦。

诗人　许久不见啦。天下大势如何呢？

画家　老太太过年，先生，就一年不如一年的。①

朱生豪的翻译与此有所不同：

诗人　早安，先生。

画师　您好！

诗人　好久不见了。近况如何啊？

画师　先生，变得一天不如一天了。②

杨译中画家所说的两句话都是北京的方言，特别是“老太太过年”这一句，原文中并没有这层意思，“It wears as it grows”意谓世界此消彼长，这是文艺复兴时期关于自然运动的一种常见说法。杨晦引用北京底层社会流行的歇后语来表达，别有一番意味。

再来看第四幕第三场泰门那段关于“黄金诅咒”的著名独白：

What is here?

Gold? Yellow, glittering, precious gold?

No, gods, I am no idle votarist.

Roots, you clear heavens! Thus much of this will make.

---

①［英］莎士比亚著，杨晦译：《雅典人台满》，新地出版社，1944年版，第41页。

②［英］莎士比亚著，朱生豪译：《雅典的泰门》，见《莎士比亚全集》（八），人民文学出版社1978年版，第119页。

Black white, foul fair, wrong right.

Base noble, old young, coward valiant.①

杨译如下：

这是什么？黄金呀！黄澄澄的，闪光的，贵重的黄金呀！不，诸神呀，我并不是口是心非的信徒的。草根吧，你清明的天神呀！这么多的这种东西会使黑的白，丑的美，错的对，贱的贵，老的少，怯的勇起来的。②

可以同朱译比较一下：

咦，这是什么？金子！黄黄的、发光的、宝贵的金子！不，天神们啊，我不是一个游手好闲的信徒；我只要你们给我一些树根！这东西，只这一点点儿，就可以使黑的变成白的，丑的变成美的，错的变成对的，卑贱变成尊贵，老人变成少年，懦夫变成勇士。③

莎剧的原文很简略，但是意蕴很丰富，尤其是最后两句。杨译为保持这种行文的简洁，采用了直译的办法。但就表达效果而言，却不如朱译。朱生豪是国内外公认的莎士比亚戏剧翻译家，其译笔流畅典丽，清新自然且不失

---

①王丽莉注释：《雅典的泰门》（“莎士比亚注释丛书”之一），商务印书馆2003年版，第120页。

②〔英〕莎士比亚著，杨晦译：《雅典人台满》，新地出版社，1944年版，第162页。

③〔英〕莎士比亚著，朱生豪译：《雅典的泰门》，见《莎士比亚全集》（八），人民文学出版社1978年版，第176页。

原作神韵。自1935至1944年,朱生豪对莎剧翻译倾注了全部心血,译稿几度毁于兵燹战火,他又几度重译,虽是无奈,但能够对译作进行更细致地打磨润色,这也可能是朱译成功的一个重要原因。朱生豪大概在1943年秋补译出莎士比亚的悲剧,包括《雅典的泰门》,1947年秋由世界书局出版。这样看来,杨晦与朱生豪几乎在同一时段翻译该剧,但杨译本的出版要比朱译本早三年,由此可以大概断定,杨译《雅典人台满》是较早面世的完整中译本,其附在剧作前后的译序和译后记首次运用马克思主义的理论对该剧进行社会历史评论,也进一步扩大了译著在学界的影响。

杨晦的翻译从20世纪20年代中期开始,到40年代中期结束,大概持续了20年左右的时间。因为当时从事翻译的人很少,不仅译过来的作品很有限,而且水平都很低。杨晦阅读了大量外国作品,很受教益和启迪,他感到有必要将这些作品介绍到中国来。加上当时的中国出版界把译介外国文学名著当作一项牟利的事情来做,很多情况下是凭着关系和人情,没有对译作的内容和价值进行严格的审查就出版了。结果译本滞销,而且还坑了许多水平不高的读者。在这样的情况下,杨晦萌发了搞翻译的念头,并且一干就是20年。尽管由于种种原因,杨晦遗留下来的翻译成果不是很多,但在那个特殊的年代,杨晦的翻译可谓开风气之先,他的某些译作填补了中国翻译界的空白。比如他翻译的《被幽囚的普罗密修士》是国内最早的古希腊悲剧译本,《悲多汶传》《雅典人台满》也是国内较早的完整译本。后来,国内更精彩的译作渐渐多起来,杨晦的译作也渐渐被人遗忘了。1983年2月,刚刚出院的杨晦在他的最后一篇文章①中引用《庄子·逍遥游》里的一句话来自嘲:“日月出矣,而爝火不息,其于光也,不亦难乎?”虽是自谦,然亦是后生可畏

①杨晦:《关于文学翻译的三言两语》,《杨晦选集》(一卷本),第570页。

之叹。但是，我们不能忘记，在日月还没有出来的时候，不息的爝火是多么的温暖豁亮！

在《关于文学翻译的三言两语》一文中，杨晦总结了他从事20余年译介工作的感想，这实际上也是他始终坚持的译介理念。杨晦强调，从事文学翻译应该有明确的目的性。耗费心血翻译外国作品，到底是为了什么？为什么介绍这个作家？为什么选择这个作品？这些问题都要在翻译之前认真想清楚，不能盲目乱译。杨晦说，翻译一定要考虑到其社会效果，其标准就是看译出的作品是否有利于中国社会的进步，是否有利于中国新文学的健康发展。关于翻译时是忠实于原文还是完全中国化的不同倾向，杨晦明确提出反对完全中国化。因为翻译不是改写，更不是创作。但是，作品译过来还是要给中国读者看的，因此要适当照顾到中国读者欣赏和理解的要求，不能生搬硬套外国的句法语法。理想的状态是深入体味原作，用通俗、晓畅、生动的汉语准确地传达原作的情调和风格。也因此，杨晦认为要搞好翻译，必须具备两个条件：一是很高的外语水平，二是较高的文学修养。他特别强调文学修养对翻译的重要性，这直接影响着译者理解的深度和表达的精准度。所以，他提倡作家搞点翻译，翻译家也搞点创作。关于不同文体的翻译，杨晦谈了小说、诗歌、戏剧翻译的不同之处。他认为，小说的翻译要有历史、政治、经济、艺术、科学等方面的广博知识，更要对异国的社会风俗、文化细节有深入的了解，否则容易破绽百出。诗歌的翻译会碰到韵律的问题。西方古典诗歌也讲究韵律，但要用方块字准确传达原诗的内容，同时又保持原诗的节奏和韵律，做起来非常困难。杨晦主张以传神为主，着重表现诗意，若能用韵更好，切不可为追求形式上的韵律歪曲了原意，破坏了诗的意境。翻译戏剧除了内容要准确外，还要根据上演的要求，做到真切自然，朗朗上口，使台词尽量口语化。至于戏剧中的诗歌，翻译的时候倒不必过于拘泥“诗”

的形式。

细读杨晦的译作,他的确是按照这样的理念去从事译介工作的。他之所以要从英文转译古希腊、法、俄、英等国家的作品,就是为改变当时中国的社会和文学现状而考虑的。杨晦的翻译,尽量忠实于原作,保持原作的面貌,做到了“信”。碰到拿不准的专有名词,他就在译文后注明原文,或者不译,直接用原文。《悲多汶传》中很多地方是这样处理的。在此基础上,译文做到了尽量准确明白地传达原作的内容,读起来晓畅自然,文气通贯,这就是所谓的“达”。杨晦翻译、创作并重,两方面都有较深的造诣,所以在遣词造句方面能够得心应手,其辞采博富,用语清新雅致。杨晦的译作是他留给后世的一份重要遗产,值得我们认真去研究。

在中国现代翻译史上,杨晦虽然算不上什么重量级的翻译名家,但他所从事的翻译活动是不可被忽略的。杨晦思想敏锐,眼光独到,在种种社会现实的推动下,他果敢先行,挑灯苦译,完成了几部可圈可点的译著,填补了中国现代文学翻译界的诸多空白。其翻译不仅为他这个时期的戏剧创作提供了直接的艺术养料,而且还对此后的文艺批评与理论研究提供了丰富的文本经验与开阔的文学史视野。

第六章　敌后批评

一、批评与自我批评

从 1937 年抗日战争全面爆发开始，一直到 1949 年新中国成立，杨晦度过了一生中最艰难困苦的时期。为避战乱，杨晦迁徙流转于广西、云南、陕西、四川、上海等地，先后在陕西城固的西北大学、重庆的中央大学、上海的幼儿师专等高校执教，此间多与家人离散。杨晦骨梗胆壮，为人正直，对人事黑白分明，疾恶如仇。他不仅始终坚持自己的道德操守，甚至还冒着生命危险去捍卫进步的文化阵地。抗战开始后，杨晦宣传抗日，宣传民主，在国民党反动统治最黑暗的时期，他在学生中传播马克思主义，掩护地下党员，保护进步的青年学子，以致受到了警备司令部的警告和反动特务的威胁。但他始终没有退缩、屈服，始终坚持自己的政治立场和人格底线。他就像是一艘渡船，不断地将革命的青年学生送到革命的彼岸，他的革命热情和人格魅力吸引了大批的爱国青年学生，成了深受他们爱戴和敬仰的“民主教授”[①]。杨晦从事文学批评，大概是从 1940 年开始的。他在自传里说道，1939 年下半年，他准备赴广东文理学院任教，但是中途有变，在广东曲江滞留了很长的时间。其间曾与黄药眠、钟敬文到粤北前线考察，并在左恭主编的《新军》上发表了《艺术之宫的陷落》等几篇文章。从这个时候起，杨晦就主要转向文学评论和批评了[②]。1944 至 1945 年，杨晦在重庆中大度过了生活相对安稳的两年，这两年也是杨晦文学批评成果最集中的时期，他撰写了十多篇中外文学批评的专题文章，轰动一时的《曹禺论》也完成于这个时期。

杨晦在谈论其他社会或者文艺现象时，特别是在谈到某些中外作家和作品时，他往往会做出一种真诚而善意的批评，在这些批评里，实际上包含了杨晦对自己的批评。杨晦性格耿直，对朋友一片热忱，有缺点就会直接指出来，不会藏着掖着。在追悼朱自清的文章里，杨晦谈到朱自清在清华大学任教 23 年的得与失，谈到朱自清的最后的转变，字里行间流露出一种英雄相惜的人生悲情。同时，对于这位颇负盛名的同班同学前期的思想和经历，杨

①吕德中：《纪念杨晦同志诞辰一百周年》，《杨晦先生纪念集》，第 179 页。
②杨晦：《自传》，《杨晦选集》，第 532 页。

晦也是直言不讳。杨晦说,五四时代的青年有一种冲决罗网的勇气,但是很容易被撞回来,并且因此“退守”到“空洞的理想”中去。像朱自清和闻一多就是属于这一类型的。这一批人大致是,“虽然不能投到社会变革运动的主流里,冲出一条道路,却也不甘心就消沉堕落,于是由现实问题的解决转到空洞的理想的建设,由眼前的火辣辣的现实转到过去远离现实的研究,这也就是退守到一个所谓‘自己的园地’里去,把自己安分守己地安置在那里边。清华园自然是最理想的境地了”①。在朱自清任教清华的23年里,杨晦却在辗转颠沛的艰难奔波中经受民族和时代的磨难,品尝人生多艰的悲愤酸楚。这种经历迫使杨晦始终睁开眼睛看世界,并且时时警告自己,不要埋首做梦了,要保持清醒的头脑,投身社会和时代的大潮中去。1935年,从德国学成归国的冯至兴冲冲地拜访老大哥杨晦,没想到话没有说几句,杨晦就义正词严地告诉冯至:“不要做梦了,要睁开眼睛看现实,有多少人在战斗,在流血,在死亡。”②冯至非常理解这位大哥,事隔半个世纪之后,冯至在回忆文章中也说:“在他评论中外作家和作品的文章里也含有自我批评的成分。”③

实际上,杨晦在生活中或者在文章里批评别人,是为了时时检讨自己,让自己不要脱离现实。同时,他也殷切地希望他所看好的作家、艺术家不要脱离社会现实,为某种空洞的艺术理想而徒耗天才。1940年,著名的比利时作家梅特林克抛弃陷落的祖国而逃到了美国,并在那里构筑起自己的“艺术之宫”,与年轻的夫人流连于童话般的世界里。梅特林克是19世纪末20世纪初国际上极负盛名的象征派作家,在中国20世纪30年代曾经风行一时。但是,杨晦对象征主义并不看好,认为这类作品抛开严重的社会问题,或者

---

①杨晦:《追悼朱自清学长》,《杨晦选集》,第510页。

②冯至:《从癸亥年到癸亥年——怀念杨晦同志》,《杨晦选集》,第6页。

③冯至:《从癸亥年到癸亥年——怀念杨晦同志》,《杨晦选集》,第7页。

视而不见,把退路当出路,用神秘的命运观代替对现实背后原因的探索,以象征的形式取代客观的细致的现实描写,自以为很高明,实际上是在装神秘,玩深沉。这大概是20世纪三四十年代中国文艺理论界对象征主义的普遍看法。但是,杨晦对这位晚节不保的名作家还是抱有一线希望,言语中显得非常恳切:“像梅特林克那样一位名作家,又到了美国那样一个黄金的国度,虽然‘青山非故国’了,要想解决生活问题,重新建筑起一个小规模的艺术之宫来,自然是并非难事;而在一个有艺术良心的老作家,在满身血腥的时候,事实唤醒了,或者语气再重一点,说是敲醒了他的社会良心,于是思想和眼界都透出了他的艺术之宫的围墙,看到了他的国家社会所以弄到这样残破的根本原因所在,脱去绅士的燕尾服,泼辣地来为他的国家他的民众贡献出他的劫后余生,恐怕也是在情理之中的吧。何况更有先例,足以作他的前导呢!”①

杨晦说的这个“前导”就是法国作家罗曼·罗兰。与对梅特林克的惋惜不同,杨晦对罗曼·罗兰这位文艺战士表示了无限的尊敬和热爱。罗曼·罗兰对中国文艺界的影响很大,五四以来,特别是在抗日战争胜利之后,中国青年对罗曼·罗兰狂热崇拜。1947 年 4 月 5 日晚,上海交通大学今天社主办了罗曼·罗兰文艺晚会,杨晦此时执教于上海幼专。作为当时有广泛影响的“民主教授”,杨晦被邀请参加晚会,并作了简短的演讲,该演讲稿后整理成评论文章——《罗曼·罗兰的道路》。面对备受大家追捧和热爱的罗曼·罗兰,杨晦并没有随声附和,而是冷静客观地审视罗曼·罗兰一生所走过的道路。他说:“罗曼·罗兰的伟大,这是谁都承认的。不过,他的伟大到

---

①杨晦:《艺术之宫的陷落——由梅特林克的逃亡说起》,原载《新军》1941 年 3 卷 1 期,见《杨晦文学论集》,第 75 页。

底在什么地方呢？这必定要把他一生所走的道路，先辨认清楚，然后才不至于误解。……希望由此能增加对于罗曼·罗兰的了解，更进一步的了解，不至于减低了对于罗曼·罗兰的热爱，不至于破坏了对于罗曼·罗兰崇拜的完整性。"①杨晦认为，罗曼·罗兰一生实际上经历了"从巴黎到莫斯科"的转变，这是"一种社会性的转变"，是"对于自己的革命"。在第一次欧洲战争前，他走的是"巴黎路线"，亦即个人英雄主义的路线。罗曼·罗兰以个人解放作为理想主义的基础，通过艺术表现进步和革命，忍受困苦，摆脱枷锁，实现人的自由解放。这就是罗曼·罗兰在转变之前所走过的"巴黎路线"，亦即"约翰·克利斯朵夫路线"。实际上，这条路线已经与当时的社会变革的实际不一致了。因此，在杨晦看来，这些路线走得实在有些悲壮。实际上，罗曼·罗兰这个时候正是处于探索与彷徨的时期，他正要告别过去，寻找新的出路。然而，中国的青年却对罗曼·罗兰要告别的思想态度无限追捧，实在是对他的一种误解。大家还在崇拜《约翰·克利斯朵夫》里的英雄，这实际上是"认识罗曼·罗兰的一层烟雾"。罗曼·罗兰之所以伟大，"不是他过去那种知识分子的个人英雄主义，而是无产阶级革命的共产主义"②。十月革命后，罗曼·罗兰走上了"莫斯科路线"，他突破了英雄主义，走到了无产阶级的阵营里面，为建立世界人类的新社会而努力，为反抗法西斯而献身。这才是罗曼·罗兰之所以伟大的真正原因。

在评价这些思想巨人式的名作家的时候，杨晦也不会随便认同，而是经过自己认真的思考和辨析。无论是批判还是推崇，他都要明白这样判断的理由和依据，而决不会随便附和，让流俗之论淹没了自己的独到见解。无论

①杨晦：《罗曼·罗兰的道路》，《杨晦文学论集》，北京大学出版社1985年版，第234页。
②杨晦：《罗曼·罗兰的道路》，《杨晦文学论集》，北京大学出版社1985年版，第239页。

>>1949 年初与家人摄于香港

这个对象有名无名，或亲或疏，杨晦批评的标尺都不会改变，那就是看这个作家以及他的作品是否与整个时代同呼吸共命运，是否以最真诚的艺术良心来为国家、民族、人民的苦难而奔走呼号。而且，杨晦也是这样要求自己的。所以，他拿同样的标尺衡量并要求他人，是完全可以理解的。或者，我们可以理解为，杨晦正是通过这样的方式来时时提醒、敦促和批评自己。从这个意义上说，杨晦的批评也是一种自我批评。

二、批评的延宕

如果要给杨晦的批评进行归类，应该归为社会—历史批评比较合适。

这与他的“文艺—社会”理论是密不可分的。当然，这个时候杨晦的文艺理论还不是特别完善，他的一些重要理论观点比如“文艺公转自转律”“农民文艺”等还没有明确提出来。但是，在杨晦这里，从历史背景、社会现实等因素去考察文艺作品的方法却是非常自觉的。在对中外作家作品进行总体评价的时候，杨晦往往会娓娓道来，对这一作家的生平经历进行述评，然后再转到要谈的中心内容，这就是所谓的“知人论世”。然而，值得我们关注的是，杨晦的“知人论世”不仅仅是针对他要评价的作家来说的，而且还包括批评家自己，他的读者对象，甚至是他能够影响到的一切人。也因此，杨晦的批评带有很强的现实功利性。当然，这里的功利性并不是指要从文字中获得什么现实的好处，而是说他的文字载负了极强的现实关怀和自我批评的重量。正因为如此，他常常从要谈的中心话题散开去，宕开一笔，引入一段与话题相关但仍有距离的话，因而形成一种批评的“延宕”。或许，正是从这些延宕的“闲话”里，我们可以窥见杨晦批评的真实意图和价值标尺。可以说，对于杨晦的批评来说，“延宕之笔”是不可割舍的重要组成部分。

在谈到梅特林克的时候，杨晦先是在文章开篇简单地提到梅特林克弃国逃跑的消息。紧接着，杨晦却用了近千字的篇幅来“说开去”。他说道，一个风烛残年的老人遭遇到国破家亡的悲惨，但未必不是一件好事。他可以借此重新反省总结一下自己的人生，重新估量一下自己的国家和社会。接着杨晦又说到“盖棺定论”，一般都认为只有等到人死后才可以被后人公正客观地评价。但他似乎不完全同意这个“定论”。因为一个人当时对社会的功与罪，与后人所定的功与罪，完全是两回事，不仅与这个人没有关系，而且于事无补。更为关键的是，所谓“盖棺定论”并不一定全面真实，有时候“虽然是褒是贬，如因为时代与关系不同，常常会互相倒置起来，就在当时也不

>>20 世纪 70 年代后期与旧日学生合影(后排左一为穆广仁,前排左三为蔡仪夫人乔象钟)

免有法价与黑市的明暗两种相差悬殊的价值”①。因此,杨晦这样假设:一个行将就木的老年人,尽管晚年享誉全社会,但一生走的都是错误的道路。如果他能够反乎“常情”的“力争上游”,“跑到时代的前面,作起青年的领队”,尽管有可能被某些人“攻击或唾弃”,等不到所谓的“盖棺定论”,但他能够回过头来看看他的国家与社会,反思一下国家民族危亡的深层原因,寻找救国的路径和办法,那他终不会带着遗憾离开,而且实际上是一件幸运的事情。“这时候,一切的观感都应该为之一新的,过去的所谓权威会倒塌下来,社会上攻击的目标会变成崇拜的对象,大家都有机会像死过一次一样,重新来作人,来看事,而所谓老年人虽然离死很近了,却不至于至死不悟,也不至于不

①杨晦:《艺术之宫的陷落——由梅特林克的逃亡说起》,见《杨晦文学论集》,第 69 页。

见谅于国人,这岂不是反倒成为一种幸事,一种极大的幸事了吗?”①

杨晦写这篇文章的时候,正处于颠沛流离的国难时期,此时正是抗日战争最艰难的时候,太平洋战争马上爆发。得知他所看重的知名作家梅特林克逃离沦陷的祖国,杨晦觉得有些“怅惘”,他“感到一种就像夕阳正要落山,却被一阵阴云遮没那样的感觉”。看得出,杨晦的这一大段“延宕”同时也是针对自己展开的,他在惋惜之余,实际上也想借此来鼓励自己,鼓舞国人。

就是在杨晦那篇长达 3 万余字的批评专论——《曹禺论》里,批评的“延宕”也时常出现。在文章里,杨晦按照现实主义的创作思想和原则方法指出曹禺在剧中不注意时间和地点的问题。特别是说到时间问题,杨晦用了近 2000 字的篇幅来谈,而其中属于“延宕”的部分就占了将近 700 字。杨晦强调,相对于地点来说,作品的产生以及情节发生的时间问题更为重要。因为,中国自五四到 1944 年,短短的 25 年却发生了巨大的变化。“同一样的事情,发生在北伐前和北伐后,已经要情形不同。”②就拿恋爱来说,五四以后的几年和北伐时代就不同了,更不要说和 25 年之后相比了。可能有人会说:“无论时代怎样地不同,人总是人,人性是不会变的,在什么年代还离得开所谓悲欢离合,喜怒哀乐的吗?什么年代不同样地有爱有憎,有生有死?”③针对时下这种流行的抽象的人性论,杨晦气愤地说:“对于一个心里上了这样迷的人,是像平常所说的‘秀才遇见兵’,有理也讲不通。虽然道理很显然,却没有方法叫他明白,更没法叫他从此就恍然大悟,豁然贯通。”④接下来,他又逐一批驳了这种抽象的人性论。人虽然总是人,但是人的内容却可以不

---

①杨晦:《艺术之宫的陷落——由梅特林克的逃往说起》,见《杨晦文学论集》,第 69—70 页。
②杨晦:《曹禺论》,见《杨晦文学论集》,第 120 页。
③杨晦:《曹禺论》,见《杨晦文学论集》,第 120 页。
④杨晦:《曹禺论》,见《杨晦文学论集》,第 120 页。

>>1948 年杨晦生日聚会（前排左一为杨晦）

同。它会因时代、阶级、古今、贫富、人生境遇的差异而不同。所以，“一个时代的爱憎跟另一个时代的爱憎就各有不同的内容与结果”①。

这一大段的“延宕”与杨晦要说的剧作的时间问题确实没有多大关系，纯粹是题外话。但是杨晦不这样看，他紧接着说：“话似乎说的太远了，其实不然。我的目的并不是要枝枝节节地挑剔曹禺先生的毛病，实在是想借此校正一下，一直到现在还有人信奉的错误观念吧了。而且，就以曹禺艺术态

①杨晦：《曹禺论》，见《杨晦文学论集》，第 120 页。

度的谨严，却因为时间观念的不明确，也连带地造成了他写剧技术的缺陷。”①随后，杨晦以《北京人》《原野》为例，列举了曹禺在时间处理上的混乱。《北京人》的第一、二幕都是发生在中秋节那天的事情。本来，中秋节是家人团聚的日子，但是曹禺却要安排久困家中的大少爷曾文清出去谋事，而且并没有预定的目的，也没有日期的限制，杨晦觉得这不合情理。在《原野》的第三幕，仇虎陷在林子里被种种幻想所困，作者却安排了整整六景，从半夜一直到早上六点，每景都要经过一个小时，这也是很勉强的安排。杨晦还说道，在秋天，早上四点半以后就鸡叫天亮了，不应该让仇虎继续为幻想所纠缠了，所以根本不需要等到六点以后。之所以出现这样不合现实逻辑的地方，原因是曹禺的时间观念处理不当。这样看来，杨晦前面的“延宕”是为了后面的批评作准备的，并不是画蛇添足。

三、“现实主义”的执着

杨晦批评虽然始于1940年前后，但这个时候杨晦的生活很不稳定，工作环境也比较恶劣。只有到1944年，杨晦在重庆中央大学期间，情况相对有所改变。在1944、1945年，杨晦集中精力写了10余篇中外文学评论的文章，涉及作家包括莎士比亚、高尔基、屠格涅夫、左拉、笛福、曹禺、沙汀等。可以说，中大时期是杨晦批评的辉煌阶段，这个时期的评论文章基本上显示了杨晦的批评实绩，从中可以看出一个现实主义批评家的艺术眼光和理论胆识。

作为一个受过哲学思维训练的批评家，杨晦很少随便认同时下流行的观点，甚至有时候特意在这些地方挑刺，指出其中的纰漏。比如有关文艺本

①杨晦：《曹禺论》，见《杨晦文学论集》，第120—121页。

质的镜子理论，杨晦就表示过不同的意见。他说："文艺作品应该是反映现实的镜子，这是名人的名言，谁也不能否认其中的至理。不过，所谓镜子的本身已经很复杂，不能含糊地笼统地只说是一面镜子就算完事。镜子里不是也有一种凸凹镜，在歪曲地反映着现实的吗？而且就同是普通的照面镜，所反映出来的颜色也有轻或重，把面孔显得青白或者红润，使你感到一种悲哀或是欢喜，却都不是本来面目。"①接着，杨晦举了一个文学的例子来做进一步的说明。爱尔兰有个作家写过一个戏曲《圣泉》，作品中有一对盲人老夫妇，两人流浪相依为命。有一天来了一位圣者，能用圣水治好盲人的眼睛。这对老夫妇在圣人的帮助下果然睁开了眼睛，看到了光明的世界。然而，他们不久就因此而苦恼起来，丈夫看清了妻子并非天使，妻子发现丈夫也不是骑士般的人物，两人都是又老又丑。而且更严重的是，两人再也不能受别人的恩惠，一切都要靠自己的双手去劳动才能获得。因此，他们反而痛恨自己的双眼复明，都希望再回到黑暗的世界里去。他们的眼睛，实际上就是一面明澈的镜子，把世间一切丑陋和苦难全部毫无保留地映现出来。事实上，世间也有很多痛恨这种能够照清自己本来面目的镜子的人。杨晦反对浑浑噩噩地过日子，他要求人们擦亮自己智慧的双眼，看清楚这个世界。如果文艺作品能够像一面明亮的镜子一样让人照见自己的缺陷，并且从此振作起来，改变现状，这才是好的文艺，才能正常发挥镜子的功能。杨晦说："要想断定一部作品的好坏，最简单的标准是：在你读过以后，如果它能使你精神振作，使你向上，使你努力，使你有一种急起直追的感觉，那就一定是一部好的作品；反过来，你读过以后，却不是叫你哭哭啼啼，就是使你长吁短叹，懒洋洋没有一点力气，似乎一切无路，万事都无可为，弄得你的心情变成

①杨晦：《青年与文艺作品》，见《杨晦文学论集》，第64—65页。

一种病态，这无论如何，都不能算作一部好书。"[①]从中不难发现，杨晦的文艺观是现实主义的，甚至可以说带有鲜明的现实功利性。

再比如名著，许多人认为名著都是最好的文学作品，读了就有好处，所谓"开卷有益"，更何况是名著呢？针对这种观点，杨晦并不完全赞同。他以一个批评家的眼光去考察世界名著，认为并不是一切名著都是好的，因为名著有它产生的特定时代和社会的条件因素，作者思想的局限性也会随作品保留下来。因此，对名著要保持一种批判的态度，而不能被所谓的名著模糊了自己的眼睛。杨晦还结合当时翻译界的一些商业倾向谈名著的问题，读来颇有说服力，充分显示了杨晦不从众的批评性格[②]。

杨晦对中外文学名著就是以一种批判的眼光去考察的。比如，俄国的屠格涅夫和托尔斯泰，他们在中国有很多读者。杨晦说，正因为这样，"我们就更需要对他们的作品作一种批评的介绍。因为他们的艺术价值极高，使读者浸到他们的作品里边，转移读者的喜怒爱憎的魔力最大，所以，也就更应该了解他们的出发点、他们的立脚点、他们对于生活和艺术的态度，以及他们在当时对于政治与社会的关系，这才能把握他们作品的意义，才能知道我们应该用什么样的态度去读他们的作品。这也就是说，要这样，我们才能认识他们作品的真正价值，不至于受到不良影响。"[③]带着这样的目的，杨晦介绍并分析了屠格涅夫的《父与子》。在概述了小说的基本情节之后，杨晦对主人公巴扎洛夫的死表示疑虑而且不满。他认为，巴扎洛夫的死法太没有必要了。"要知道，没有必然性的死，就是偶然地，出于意外的死，是要减

---

①杨晦：《青年与文艺作品》，见《杨晦文学论集》，第 66 页。

②详参杨晦：《怎样阅读世界名著》，见《杨晦文学论集》，第 169—173 页。

③杨晦：《屠格涅夫的〈父与子〉》，《杨晦文学论集》，第 182 页。

低悲剧的意义的。”①而且，像巴扎洛夫那样对医学研究很深的医学生，在解剖斑疹伤寒患者的尸体时，不可能没有必不可少的硝酸银。所以，巴扎洛夫的死实在难以让人理解。杨晦最后指出，屠格涅夫当时寄居国外，对于国内的情形认识不清，加上他以一个艺术家的身份对国内社会改革与解放运动采取旁观的态度，所以会塑造出这种失实的典型形象。

在杨晦看来是真正好的作家、作品，他也不会吝啬他的赞词。高尔基是杨晦非常敬佩的一位作家。在他看来，高尔基与其说是作家，还不如说是战士。针对国内有些人对高尔基的偏见，杨晦认为这是因为这些人根本不了解高尔基，很可能是高尔基与他们的绅士脾气不合的缘故。而且，国内也有些所谓的“批评家”攻击高尔基，挑他的毛病缺点，实际上这些人并没有真正读过高尔基的作品。在杨晦看来，高尔基不畏沙俄当局的强势，勇敢地站起来，为真理正义奋斗呼号。所以，他的作品“没有一篇不充满了生活的实感”“没有一篇不给读者一种力量，一种突破现状的力量”。甚至可以说，高尔基的作品是“当时俄国的一部社会史”。杨晦尤其推崇高尔基的《母亲》。他说：“《母亲》是一部极有价值的伟大作品，是不分老少，人人应该读的一部作品。我认为这是每一个要求进步的读者应该随时带在身边的一部好书。这是指路的明灯一般，应该照耀在人们的头上。”②而且，杨晦向读者推荐这本书的心情特别激动，他说：“只要一个人的艺术良心没有为他的其他偏见所染污，只要一个人的心情没有腐烂到除掉关系个人利害的以外，对于任何事情都无动于衷的话，那就请他读读吧。”③可以看出，杨晦从高尔基的作品中获得了一种极大的精神动力，他想把这种来自文学的心灵共振传达给尽可

①杨晦：《屠格涅夫的〈父与子〉》，《杨晦文学论集》，第186页。
②杨晦：《高尔基的〈母亲〉》，《杨晦文学论集》，第175页。
③杨晦：《高尔基的〈母亲〉》，《杨晦文学论集》，第175页。

>>1949 年初与友人摄于香港（左一为端木蕻良、右二为臧克家，抱小孩者为杨晦）

能多的中国人，使他们受到鼓舞，获得力量，寻求中国人民自由解放的光明大道。

杨晦的文学批评具有多重特征，早年经过哲学思辨能力的训练，使得他不屑于发表一些皮相之论。其贫苦农民的出身以及20多年的流亡漂泊，又使得他心忧天下，情系苍生。也因此，杨晦的批评总能够发人之所未发，在别人信以为然或者早已遗忘的地方大展拳脚，用铁铮铮的事实说话，让人不得不佩服。《左拉的〈萌芽〉》就是他对左拉的一个新发现。这篇文章发表于1944年12月4日重庆《新华日报》，发表时被国民党的新闻检查机构删掉了好几段。在文章里，杨晦说，左拉一般被认为是巴尔扎克的后继者，但是人们对巴尔扎克多是恭维，对左拉却是攻击。“而且，对于左拉攻击的地方，也正是对于巴尔扎克恭维的所在。”①左拉有着和巴尔扎克一样的雄心壮志，而且也非常勤奋，他年轻的时候有一个伟大的计划，准备用25年的时间，完成20部长篇小说。然而，左拉仍然受着出身和时代的限制，“终于逃不出一个资本主义社会里一个艺术家的悲剧下场”。左拉受当时的遗传学影响，标榜自然主义，提倡实验小说，实际上歪曲了事实，起到了反动的作用。而且，在这样的理论的支配之下，他的写作方法和态度也受影响。他实际上是为了理论去找材料，为证实理论去完成作品。“他不是反映现实，而是实验理论。”在概括地总结了左拉的创作思想，评述了其优缺点之后，杨晦笔锋突然一转，他说：“一个艺术家在一种不正确的理论笼罩下，却不自觉地会突出去，不自觉地接近了真理的事，是往往有的。《萌芽》就是不自觉地打破了他的自然主义的理论，而成为现实主义作品的最好例证。”②在杨晦看来，左拉

①杨晦：《左拉的〈萌芽〉》，《杨晦文学论集》，第192—193页。
②杨晦：《左拉的〈萌芽〉》，《杨晦文学论集》，第195页。

的小说《萌芽》，是“一部劳动阶级的叙事诗”，其价值和地位，“可以跟荷马的《伊里亚特》相比”。《萌芽》写的是19世纪法国煤矿工人阶级同资产阶级之间的斗争，在这时，左拉已经丢下了他的自然主义理论，为工人阶级记录了流血斗争的光荣历史。为了掌握素材，左拉曾在法国北部和比利时的煤矿待了半年。他真实地再现了法国煤矿地狱般的景象：“这中间是真正的黑暗、劳苦、疲倦、饥饿、粗野、叫骂，以及兽性的发作和死亡的恐怖。”①尽管如此，小说“却已经撒下了新时代的光明的种子”，里面有许多伟大斗争场面和动人的描写，称之为工人叙事诗确实当之无愧。就是凭着这一点，杨晦最后断定说：“只要有这样一部杰作，左拉已经是一位不朽的作家。”②

最能集中体现杨晦现代文学批评实绩的是他写于1944年的评论长文——《曹禺论》。在这篇长达3万多字的文章里，杨晦全面深入地评述了曹禺的6部剧作（实际上是五部，因为曹禺的《家》是改编之作，杨晦没有评论，只是一笔带过），并以一种严正的现实主义创作原则对其创作道路的曲折走向、剧作艺术技巧的探索等问题展开了充分而细致的考察批评。杨晦首先肯定了曹禺戏剧创作的成绩，并表明自己的态度：“我们对于这样一位忠于艺术，也有了极大贡献的作家，自然要感到无限的尊敬。”③但是，对杨晦而言，这样一位非常难得的作家，其创作却有一些令人惋惜的缺陷，这不能不引起一个具有责任感的批评家的注意，所以，他要对曹禺的剧作作一次“善意的诚恳的批评”。

杨晦的思路是很清楚的。文章分为八个部分：第一，整体描绘曹禺十年来剧作艺术发展的道路；第二，结合曹禺的教育背景，特别是当时北平文艺

---

①杨晦：《左拉的〈萌芽〉》，《杨晦文学论集》，第198页。
②杨晦：《左拉的〈萌芽〉》，《杨晦文学论集》，第199页。
③杨晦：《曹禺论》，《杨晦文学论集》，第105页。

界的崇洋心理，分析曹禺艺术缺陷的原因；第三，从曹禺剧作的篇幅、时间、地点问题的处理等方面探析曹禺的社会思想对艺术见解的影响；第四，分析《雷雨》的缺陷，着重评价该剧的序幕与尾声；第五，讨论《日出》的现实主义成就，兼及微小的失误；第六，重点批评《原野》的失败；第七，分析《蜕变》，认为这是曹禺最彻底真实的进步；第八，分析《北京人》，指出该剧的艺术失误；最后总结全文。

在杨晦看来，从《雷雨》到《日出》再到《原野》，其中有着一以贯之的发展线索。《雷雨》写的是“一个镀金的绅商家庭的悲剧”，《日出》表现的是“一种黑暗势力支配下的社会悲剧”，《原野》里展示的是“中国古老农村里农民的悲剧”。这种艺术演进根源于曹禺的忠实的艺术态度，他要“把临在头上的问题，‘立刻搜索出一个答案’”，“这么多严重的问题，‘催促他，折磨他，使他得不到片刻的蜜贴’，于是，一部一部地写出他的《雷雨》，《日出》和《原野》，一个问题一个问题地由家庭到社会，由都市到农村，展开他的视野，搜索他的答案，也得到了他的解答”①。在文章里，杨晦对曹禺为艺术经受社会生活磨难的现实主义精神表示赞赏。他说，曹禺为了写《日出》第三幕，在寒冬的半夜到贫民区向乞丐请教数来宝，中间经受了许多艰难甚至侮辱伤害。这样，曹禺才写出了真正富有独创性的场面。但杨晦对曹禺的现实态度还不是非常满意，认为他还是过多地局限在“屋子里”，而且在思想上向《道德经》《佛经》《圣经》寻找出路，这显然不能真正解决问题。

杨晦说，曹禺从《雷雨》那样充满神秘命运观念的家庭悲剧转到《日出》那样在黑暗势力铁掌下的社会悲剧，再转而写《原野》那样农民向土豪地主复仇的悲剧，本来是一个极大的进步，但是，“在《日出》里已经向社会问题方

---

①杨晦：《曹禺论》，《杨晦文学论集》，第106页。

面发展去的道路，却走进《原野》的黑林子里迷失了方向，由社会问题转为心理问题、良心问题等的精神枷锁”①。到了《蜕变》，“曹禺已经由他的‘黑林子’走了出来，到了光明的世界了，不管这个光明是一时的，还是表面的，这究竟是一条大路，一条走得通的路，会通到真正光明的境界去。……极不足怪，却极可惜的，曹禺在这条路上，只迈了这一步，马上又退转去，回到了他的老路，写出了《北京人》，接着是《家》”②。最后，依照现实主义的思想原则，杨晦对曹禺剧作的道路作出了清晰的勾勒描绘：“本来，由《雷雨》出发，到《北京人》，是曹禺剧作的正常发展道路，《日出》是走向另一条大路的突出，然而，到了《原野》已经沿着弧线走了往回转的道路，这中间插入《蜕变》，好像又向《日出》的方向迈了一步，却因为终于看不见真正的阳光，于是又回到了《雷雨》的旧路，自然，并不那样完全地回到《雷雨》的旧出发点……却变成事实的无可奈何，人性的不可救药的悲剧了。……在《蜕变》以后，回头来写《北京人》，这真正是一件可以惋惜的事情！”③

构成曹禺剧作早期辉煌起点的《雷雨》《日出》《原野》创作于1933年到1937年之间。这段时间前后发生了九一八事变、“一·二八”事变、七七事变等有关国家民族危亡的重大事件，但是曹禺的这三部剧作对此却没有丝毫的反映。这一点深为杨晦所诟病。但在杨晦看来，曹禺并非不关心国家大事的人，其真正的原因在于，他受到当时北平文艺界流行的文艺观念的影响，即认为一个艺术家要表现的是永久的问题，而不是暂时的哪怕是事关国家存亡的问题。杨晦的批判并没有在这里止步，他详细分析了以“清华”为代表的北平高校的学术氛围，认为当时文艺圈内有一种非常严重的崇洋心

---

①杨晦：《曹禺论》，《杨晦文学论集》，第108页。
②杨晦：《曹禺论》，《杨晦文学论集》，第109页。
③杨晦：《曹禺论》，《杨晦文学论集》，第110页。

理,无论是创作,还是批评,或是学术研究,都喜欢追求西方的艺术技巧,而且自以为高明,实际上并不符合中国的社会现实。对于这个问题,杨晦在很多场合都谈过,文艺界的崇洋心理实际上是一种殖民心态的体现,杨晦对此深表忧虑,并且旗帜鲜明地提出自己的批评,这不能说没有现实意义,充分显示了一个具有文化良知、不甘沉沦的现实主义批评家的清醒态度和民族立场。但是,客观地来说,杨晦对于曹禺剧作内容与民族存亡现实之间的关系的要求未免有些苛刻。同时,杨晦受当时主流文艺理论界的影响,排斥西方艺术形式特别是象征主义的手法技巧,从而也使得他对现实主义思想的理解有些偏狭,这作用在他的文学批评上,使得其达到深刻的同时难以兼有包容和辩证。

对于《雷雨》的主题,杨晦认为这里写的是一个镀金的绅商的封建家庭悲剧。在他看来,周繁漪的悲剧实际上是生理欲望与社会伦理道德之间的冲突造成的。周繁漪的爱情无法得到正常发展,并不是有什么不可知的力量在支配,也不是什么无法逃避的命运在主宰。但是,“我们的作者,却一定要写成希腊悲剧样的,认为是人类无可逃避的‘运命’,拿性爱和血缘的纠缠,来作悲剧的结子,大可不必”①。也因此,杨晦对于《雷雨》的序幕和尾声作出了否定性的评价,认为这是画蛇添足,“实在是个累赘”。杨晦认为,曹禺之所以要这样做,目的是为了表现对希腊悲剧的“憧憬”,并想造成“‘一种哀静的心情’、‘欣赏的距离’,要在观众心里荡漾一种‘水似的悲哀,流不尽的’”②。关于《原野》,杨晦认为这是曹禺最失败的作品,不仅是曹禺个人创作史上的不幸,而且也是中国社会发展悲剧的一个反映。杨晦贬抑《原野》

①杨晦:《曹禺论》,见《杨晦文学论集》,第 126 页。

②杨晦:《曹禺论》,见《杨晦文学论集》,第 128 页。

的理由是，作者把那样现实的农民向土豪复仇的故事“写得那么玄秘，那么抽象，那么鬼气森森，那么远离现实，那么缺乏人间味”①。曹禺之所以如此，是因为他“迷恋于一种不正确的艺术思想”“使他的思想，他对于社会问题的认识和了解，都受到了戕害，被歪曲”。特别是剧中第三幕所使用的“原野”“老树”“黑林子”等象征，“实在减低了戏剧的作用”。仇虎的形象也不真实具体，有点“公式化”。而且，“像他这样，连天公地道的报仇举动，都那样纠缠不清，被一个瞎老婆子给困在黑林子里，怎么会‘拼得出去’呢”？对于《北京人》，杨晦也深感失望。曹禺把人类的希望寄托在几十万年前的“北京人”身上，这是“可悲的”。杨晦认为，曹禺迷恋的是“我们旧日封建社会的道德与情感”，他“给我们造出一个旧时代的优美典型，同时，也使我们在《北京人》里感到一些矛盾，弄得情节的发展，不能不有些牵强，减低了这本剧应该发生的效果与影响”②。

最后，杨晦在文末再一次强调了他的批评的诚恳态度：“我跟曹禺先生并没有一面之缘，然而，我对于他，与其说是对于一位作家的尊敬，倒不如说是对于一位朋友那样寄着诚恳的希望。在中国这种现状下，产生一位作家是多么艰难呀！要一位作家能得正常地发展下去，更是一件十分艰难的事情。曹禺就这样跟中国社会发展的反常的不幸相始终吗？大路，就在眼前的！我以十二分地诚意，希望曹禺不要以为我有意在挑剔他的毛病，那就好了。”③杨晦比曹禺长 11 岁，曹禺能在 30 岁左右的时候就有这样大的成就，杨晦感到由衷的钦佩，但同时也为其艺术缺陷和创作道路的曲折走向表示忧虑。

---

①杨晦：《曹禺论》，见《杨晦文学论集》，第 134 页。
②杨晦：《曹禺论》，见《杨晦文学论集》，第 146 页。
③杨晦：《曹禺论》，见《杨晦文学论集》，第 153 页。

杨晦的这篇文章发表后，马上引起了另一位批评家吕荧的激烈批驳。吕荧在《内容的了解和形式的了解——评杨晦的〈曹禺论〉》这篇文章里，从曹禺剧作的主题、曹禺剧作的发展道路、作家的思想和艺术的关系、批评的形式主义等方面对杨晦的《曹禺论》展开逐一的分析驳斥。吕荧说："在杨晦先生的论文里，形式的理解占着优势，压倒了内容的理解；因而对于读者对于作者，都不能提供真正的现实主义的创作要点，反而在某些点上，助长了形式主义的倾向。"[①]在吕荧看来，杨晦对曹禺单篇剧作的认识是唯形式的，因此对于曹禺整个剧作发展的历程的理解以及剧作道路的评论也是唯形式的。吕荧提出，应该从内容方面去理解曹禺，曹禺的思想内容是社会学的，但是是一种包含观念的憧憬的超然的社会学。正因为这种超然的社会学思想，才有《雷雨》中二元的主宰，才有《日出》书前对老子"天之道"的向往，才有《原野》中对人类原始的性与力的肯定。这样，作者才"把现实问题神秘象征化"。这种"象征神秘"与内容相关，不单单是形式上的问题。曹禺的超然的社会学立场，观念的"天之道"的憧憬，阻碍了曹禺走向人民群众，走向现实主义，乃至走向艺术的殿堂[②]。

现在回过头来细读这篇在当时就引起争论的批评文章，其中确实有一些理论的偏狭和失当之处。但是，如果我们能够以一种同情的态度深入到批评家的现实情境和内心世界，我们自然不难发现它的可贵之处。也许更重要的是，"从中可看出一个具有独立人格和艺术胆识的批评家思考文学与现实社会关系问题时'不从众'的个性特征，和他后来的现实主义思想走向

①吕荧：《内容的了解和形式的了解——评杨晦的〈曹禺论〉》，见《吕荧文艺与美学论集》，上海文艺出版社1984年版，第225页。

②吕荧：《内容的了解和形式的了解——评杨晦的〈曹禺论〉》，见《吕荧文艺与美学论集》，上海文艺出版社1984年版，第233—235页。

的一些信息”[1]。因此,我更愿意把这种理论的偏狭理解为一种对于现实主义的执着,而且,这种执着一直保持到他随后的文艺理论观念的建构,以及晚年对中国古代学术问题的思考。

四、身份认同与批评品格

与对曹禺进行善意且严苛的批评不同,杨晦对待农民作家沙汀的态度则如春风化雨,赞赏有加。之所以如此,可能存在“显”与“隐”两个方面的原因:“显”的方面是,沙汀的作品更符合杨晦的文艺观与批评观;“隐”的原因则应归结为杨晦的身份认同与审美趣尚。杨晦在《沙汀创作的起点和方向》一文中提出了“农民派”作家的问题[2]。他认为,“京派”与“海派”之间还存在“农民派”,但当时的农民派作家积弊很多,不能适应新环境,对生活无望,陷入了悲观与苦恼。他们被时代的浪潮从农村推到了都市的港口,最终又被逆转的风涛卷回来。他们又自视甚高,始终怀抱着名山事业的理想,却与时代现实脱离了。所以,多数人都成了时代的悲剧。但还有少数人能够一如既往地走下去,为自己的理想不断地写作。沙汀就是这样一位农民作家。杨晦之所以看好沙汀,一方面是因为他是一位“农民气质特别浓重的作家”[3],同时也因为“他的主要的,也正是他所醉心的题材,是农民”[4]。杨晦在文章开篇就表露出自己的赞悦之情:“我们的作者沙汀,可以说,是一个农民诗人。你看,他是用多么优美的,散文诗一般的文字来写我们的农民,我

---

①孙玉石:《论杨晦的文艺思想和文学批评》,《杨晦先生纪念集》,第70—71页。

②有关“农民派”的分析详见本书第七章第三小节。

③杨晦:《沙汀创作的起点和方向》,《杨晦文学论集》,第159页。

④杨晦:《沙汀创作的起点和方向》,《杨晦文学论集》,第154页。

们的所谓川西北的农村生活呀。”[①]接下来，杨晦分析了沙汀20世纪30年代的创作情况，认为沙汀刚从农村来到十里洋场的上海，并不适应这里的环境，上海就像一张铁丝网，他从内地农村人的视角看上海，写出来的作品并不十分成功。“一·二八”事变之后，沙汀将目光转向了自己所熟悉的故乡——川西北农村，才走向了适合他的创作道路。在杨晦看来，这条道路也是农民派作家的共同方向。虽然沙汀因为其农民性格和对乡土气氛的偏爱限制了写作的范围，“然而，却正因为他的这种乡土气氛，才把这在偏远内地所谓川西北的社会情形，给全盘地呈现在我们的眼前了。这虽然只是在一个狭小范围内，却也未尝不有着中国内地农村社会的全貌”[②]。在文中，杨晦结合中国近代以来的社会现状对沙汀小说中所反映出来的农村现实进行了深入的社会学分析，并对沙汀作品的时代感和现实意义大加赞赏：“你看，我们的作者沙汀，用多么哀婉而深切动人的散文诗篇，在他的短篇小说集《土饼》和《苦难》里，歌咏出我们农村的生活，我们农民的悲剧，和我们时代的苦难呀！”[③]也因此，“他不但为他自己在作家群里，争得了一席特殊的地位，成为我们的农民诗人，我们四川社会的叙事诗作者，同时，也为我们这些年来几乎没有出路了的农民作家，开辟了一条道路，建立下坚实的基础”[④]。从这一点来看，沙汀几乎成了农民派作家甚至中国文艺界的新希望。

事实上，这个时期沙汀在文学上的主要成绩不止于对四川农村黑暗生活的暴露，更突出的还在于他在暴露小说中所流露出来的一种独特诗意。这种诗意来自他那种“不露声色的文韵，感情的内涵凝重，对艺术细节的选

①杨晦：《沙汀创作的起点和方向》，《杨晦文学论集》，第154页。
②杨晦：《沙汀创作的起点和方向》，《杨晦文学论集》，第163页。
③杨晦：《沙汀创作的起点和方向》，《杨晦文学论集》，第166页。
④杨晦：《沙汀创作的起点和方向》，《杨晦文学论集》，第157页。

择和处理，刻画人物的白描手法，以及对于气氛、场景的渲染等”①。但是，杨晦所持守的“苦行现实主义”精神使得他将理论的眼光聚焦于作品的思想内涵与社会意蕴，其理论视野也主要局限于作品与社会的现实关联方面，而对于作品的艺术技巧和审美价值则关注较少。

>>20 世纪 60 年代前期摄于住所庭院中

杨晦自始至终坚守现实主义思想并不是出于对某种权威理论的服膺，而主要源于自己的身份立场与特定的个性气质。他为人磊落，性格耿介，具有独立精神，不盲目从众。作为一个出身贫困的东北作家，杨晦对中国底层农民所经受的苦难比身处大都市的“京派”“海派”作家有着更为深刻的体

①钱理群、温儒敏、吴福辉：《中国现代文学三十年》，北京大学出版社 1998 年版，第 235 页。

会。切肤的家国之痛,半生的颠沛流离,一方面让杨晦习惯了对苦难的隐忍默受,同时又培养了他对于苦难的敏感神经。所有这些都最终影响到杨晦的文艺观念、价值取向、评判尺度以及批评的落脚点。在杨晦看来,一个作家重要的不是怎么写,而是写什么,尤其是在自己的国家民族遭受苦难的关键时刻,写什么决定了怎么写。那么,文艺何为呢?其价值何在呢?杨晦认为,文艺首先而且最终是对现实发言,它与社会的运动相始终。而文艺家的责任在于,以艺术的形式揭示社会现实,直面并荷载苦难,通过对社会革命运动的深刻分析,为广大的劳苦大众指明前进的方向。所以,好的作品读完之后会让人振奋、感动,激发生活的热情和希望。

20 世纪 40 年代后期,杨晦用“公转自转说”来概括社会与文艺的关系,实际上他更关注社会这一维度,更强调文艺围绕社会“公转”的现实意义,而对于文艺本身的“自转”则关注较少,这一点在他的批评实践中表现得较为突出。杨晦对于作家及文本的批评,主要围绕社会时代等现实问题展开。重点考察该作家在作品中叙写了什么内容,与当时的社会现实的关联是否紧密。在这个基础上,再通过作品对社会运动趋向的分析和呈现,对该作品及作家的思想深度和广度作出判断。而且杨晦惯于先从所评论的作品宕开一笔,将作品所涉及的社会问题进行一番细致的论述,再进入对作品的分析评价,造成批评的“延宕”,由此可见杨晦对社会现实的倚重。

杨晦的批评实践主要集中在 20 世纪 40 年代前半段,1945 年以后则转向对文艺理论问题的学理性思考。与同时期的批评家相比,杨晦的批评并不算太突出。但他始终坚持从文艺与社会的关系入手,通过对中外作家作品的深入论析与评骘,凸显文艺的实践价值与现实品格,借此探索中国新文艺的前进道路和未来发展方向。这个时期,冯雪峰、胡风、周扬等人都在用不同的方式去践行马克思主义文论批评的中国化,他们多将重心放在理论问题的阐释以及理论体系的建构方面。此外，国统区的朱自清、李广田、李长之、九叶诗派等也在批评方面取得了较大的实绩，尤其是李长之，其传记批评在当时的批评界独树一帜。在这个时期的批评阵容里，杨晦没有孜孜于自己的理论体系建设，而是矢志于对文艺与社会内在关系的探讨，以一种强烈的现实性诉求出现于批评界，将作品放到社会运动的历史背景中去考察，在文本细读中扪心叩问作家的社会良知与德性操守，话语中透着满腔的热忱和急切，这在当时，恐怕也是不多见的。杨晦以特定的视角和理论姿态在批评界发出了自己的声音，他的批评是"及物"的，其中包含了不少的真知灼见。

需要说明的是，尽管杨晦的批评理论客观上与当时的权威理论在步调上保持着一致，但他有着自己的理论出发点，那就是社会运动与文艺运动的辩证关系。这一出发点不是对权威思想的照搬，而是建立在自己的独立思考和丰富的社会阅历的基础之上的。应该说，杨晦的身份立场与独特个性在其批评性格的形成中起到了主要作用；再加上 20 世纪 40 年代政治一体化这一理论大情势的影响，使得他原本不太成熟的想法走向了理论的偏执，特别是一味地强调文艺的社会维度，而对文艺本身的丰富性和表现的多样性缺乏一种宽宏开放的心态与视野。其对文艺现象及作家作品的不容争辩的褒贬和鲜明的取舍态度，也限制了他进一步深入批评对象，使得批评失去了应有的弹性。当然，这也是特定的时代环境所造成的。

第七章　理论建树

一、文艺与社会

1949年4月，上海中兴出版社出版了杨晦的文学论文集——《文艺与社会》。该书收入了杨晦在20世纪40年代写的文学评论及文艺理论文章，包括中外作家作品评论、文艺理论专题论文、文艺杂感等方面。从这本书的题名不难发现，杨晦文艺理论的重心或者说逻辑起点就是文艺和社会的关系。杨晦常说："研究文学，不能只在文学上面爬行。"[①]意思是说，研究文艺必须建立在社会这一坚实的地基上，而不能仅仅着眼于文学的形式，在文学表面打转转。但是，杨晦并没有单纯机械地处理文艺与社会的关系，落入社会决定论的窠臼。实际上，社会既是杨晦展开文艺研究的立足点和出发点，也是其文艺理论朝纵深发展的一道津梁。文艺和社会的关系是我们理解杨晦文艺理论的一把钥匙。正是从文艺和社会的辩证关

①毛庆耆：《论杨晦的文艺理论建树》，见《杨晦先生纪念集》，第38页。

系出发，杨晦提出了一些颇有创见的文艺理论主张，比如“文艺公转自转说”“农民文艺”，等等。毛庆耆曾将杨晦的“文艺—社会”观与泰纳、艾布拉姆斯、刘若愚等人的文艺观相参照，认为杨晦的理论显得更为辩证周全，不会陷入片面的深刻。他说：“杨晦的文艺理论研究，其重心和出发点在文艺与社会的关系，这与泰纳《艺术哲学》中地理环境决定论的观点固然不同，与艾布拉姆斯《镜与灯》文学四要素的三角形排列和刘若愚《中国文学理论》四要素的圆形排列，也都有根本性的区别。以文艺与社会的关系为文艺理论研究的重心和出发点，既没有《镜与灯》将文学要素割裂的弊病，也不是文艺取决于社会的单纯决定论，而是研究文艺与社会对立统一的运动过程。只有从文艺与社会的辩证过程，才能获取文艺理论研究的文艺规律性；也只有从文艺与社会的辩证过程，才能获取艺术史和文学史研究的艺术和文学的历史发展的规律性。”①

泰纳在《艺术哲学》中提出了决定文明的三大要素——种族、环境、时代。这种艺术三要素理论确实能够说明影响文学艺术发展的外部因素，但其采用自然科学的方法来研究人文科学，特别是将其中非常复杂的文学艺

①毛庆耆：《论杨晦的文艺理论建树》，见《杨晦先生纪念集》，第39—40页。

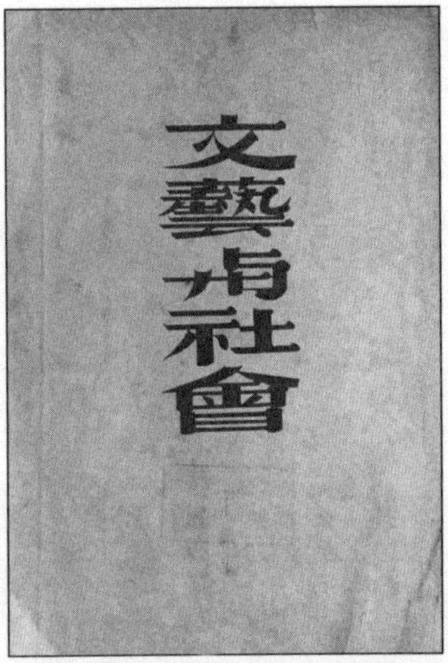

>>《文艺与社会》封面

术问题纳入到种族、环境、时代这些外部因素中,这使得他的理论带上了机械的决定论的色彩。杨晦的“文艺—社会”观虽然着眼点在于社会,但是其特别注重文艺与社会之间的互动和共生关系,与泰纳的地理环境决定论存在很大区别。艾布拉姆斯在《镜与灯:浪漫主义文论及批评传统》这本书中列出了宇宙、艺术家、作品、欣赏者这四个艺术要素。这四个要素以作品为中心,形成了一个稳定的三角图式。但是,针对中国古典诗学批评的实际,艾氏的文学四要素理论不一定非常有效。美籍华裔学者刘若愚有感于艾氏的四要素三角图式与中国传统诗学批评之间的差异,试图在艾氏的基础上稍作调整,以找到西方诗学体系同中国古典诗学批评之间的互适性。他依据中国诗学批评的实际将艾氏的文学四要素重新排列为“宇宙—作家—作品—读者—宇宙”的圆形图式。与艾氏和刘若愚的四要素结构图式相比,杨晦的“文艺—社会”说似乎显得比较单薄,体系性也不甚突出。但是,我们也要看到,杨晦的“文艺—社会”说是建立在辩证唯物主义的基础之上的,它以马克思主义反映论作为哲学依据,也是杨晦在充分考察五四以来中国新文艺的现状之后才总结归纳出来的文艺观点。结合20世纪前半期中国文艺发展演变的状况,这一理论的提出还是很有针对性的,也具有较强的理论适应性和较大的阐释空间。当然,就杨晦自己来说,“文艺—社会”观始终贯穿他的文艺生涯,成为他进行文艺评论、学术理论研究的一个重要的圭臬。正如有的论者所言,杨晦“所阐发的既是个人理解的、也是深入人心的科学的文艺思想观点,半个世纪来一直成为中国学界文艺理论研究和文学史研究的根据”[①]。由此可以说，杨晦的“文艺—社会”说将会和其他的文艺理论家所创立的理论一起，成为20世纪中国文艺理论的重要遗产，并对中国现代乃至当代文艺理论的丰富发展产生一定的影响。

二、“文艺公转自转说”

>>《杨晦文学论集》封面

“文艺—社会”观是杨晦全部文艺理论的核心，这一理论具体表现在“文艺公转自转说”“农民文艺”“现实主义”创作方法等命题上。其中，最能形象具体说明文艺和社会之间的辩证关系的是文艺公转自转理论。

杨晦说：“要是打个比喻来说，文艺好比是地球，社会好比是太阳。我们现在都知道地球有随太阳的公转，也有地球的自转。其实，就是文艺也有文艺的公转律和自转律的。文艺发展受社会发展限定，文艺不能不受社会的支配，这中间是有一种文艺跟社会间的公转律存在；同时，文艺本身也有文艺自己的一种发展法则，这就是文艺自转律。”[②]这个比喻不仅形象具体，而且确实能够有效地说明文艺与社会之间的关系。地球既要绕着太阳公转，同时也要

①毛庆耆：《论杨晦的文艺理论建树》，见《杨晦先生纪念集》，第39页。

②杨晦：《论文艺运动与社会运动》，原载1947年上海《大学》第6卷第1期，见《杨晦文学论集》，第248—249页。

自转;同样,文艺既要受到社会因素的制约影响,同时也要受到自身规律的制约。不难发现,这里面涉及的是文艺的他律与自律的问题。这一点,已经有人指出来了。凌玉建认为,“文艺公转自转说”是杨晦全部文艺理论的核心命题,其实质是对文学艺术他律、自律的辩证而形象的表达。他能够清楚地意识到在文学艺术“自律”“他律”对立的表象背后的有机统一,而且以明白晓畅的语言将这一原理表述得如此“明确而精细”(朱自清评语)①。

在《论文艺运动与社会运动》②这篇长文中,杨晦考察了从五四到新中国成立前两年近三十年的中国新文艺的发展演变状况。杨晦认为,人们一般把五四运动叫作新文化运动,实际上,这却是一种社会运动。杨晦分析了五四运动产生的社会实际情势。他说,虽然五四运动爆发在北京,但是它的根源和基础是在上海。由于蔡元培出任北大的校长,他把以上海为中心的江浙一带的文化活动扩展到以北京为中心的北方,同时,南方的社会运动也随着文化扩展到北方去了。这样才发展为五四运动。单就以北京为中心的整个北方来说,当时还不具备产生五四运动的客观条件。于是,只有反过来由文化文艺运动来影响社会的发展。在五四时期,文艺运动和社会运动是一致的,相协调的,这两者结合得非常紧密。

但是,五四之后,就开始讨论文艺和社会分家的问题。由于社会运动的南下,北京的文艺活动与社会运动疏远了,并逐渐枯萎下去,只剩下一个空壳,陷入了形式主义。但在上海,社会运动对文艺形成了极大的冲击作用,五卅及北伐之后,革命文学的声势逐渐壮大起来,无产阶级文学成了中国新

---

①凌玉建:《寂寞的苦行——杨晦理论批评性格论略》,北京大学中文系2008届文艺学专业硕士学位论文,藏北京大学图书馆学位论文室,第31页。

②这篇文章是根据杨晦于1946年在重庆的文艺节上所作的演讲写出来的,题目是《五四以来中国新文艺运动与社会运动的关系》。

文艺的主流。然而，在中国内地却开展了轰轰烈烈的土地革命运动，北京、上海的文艺运动并未突破都市的小圈子深入到农村中去。如杨晦所言："上海在'九一八'以后就等于在文艺运动的自转律支配下，开展它的活动。北平，在当时是因为社会运动与文化运动的分裂，只剩下了文化运动在那里循着自转律发展；在上海，却因为社会运动的转变方向，深入到农村里去，又以农民革命运动为主流，使上海的社会运动跟文艺运动同时受到了局限，于是文艺运动半自转半公转地在向前进展，却始终突不破'五四'以及'北伐'的传统，使文艺活动超不出都市的小市民、学生和知识分子的圈子以外去。就是所谓普罗文学的，也是一样，并不能深入到工人群里。"[①]这个时期左联的文艺活动也主要是介绍国际的无产阶级革命文学理论。总而言之，在"一二·九"运动之前，文艺运动与中国社会运动的主流——农民革命运动没有发生密切的关系。

到"七七事变"后，在整个抗战期间，情况就大不同了。这个时期的社会运动已经发展成为"以农民为主的各阶层联盟争取民族的解放与独立，建设新民主主义国家的运动。这个运动的成功，也就是中国近百年来农民运动的完成"[②]。在这异常艰苦的抗战期间，农民所遭受的牺牲和痛苦是最大的；同时，农民却因此壮大起来，在无数的斗争和锻炼中，他们已经形成了自己的文化，有了自己的作家、音乐家、绘画家和木刻家。他们的文化运动虽然粗浅却活泼有力，充实而有前途。他们的文艺形式既不同于五四新文艺，也有别于"北伐"后的普罗文学，这是民族解放运动中形成的民族形式。至此，中国近年来文艺运动和社会运动已经完全合拍了，文艺回到了它的正轨，恢

---

①杨晦：《论文艺运动与社会运动》，《杨晦文学论集》，第263—264页。

②杨晦：《论文艺运动与社会运动》，《杨晦文学论集》，第267页。

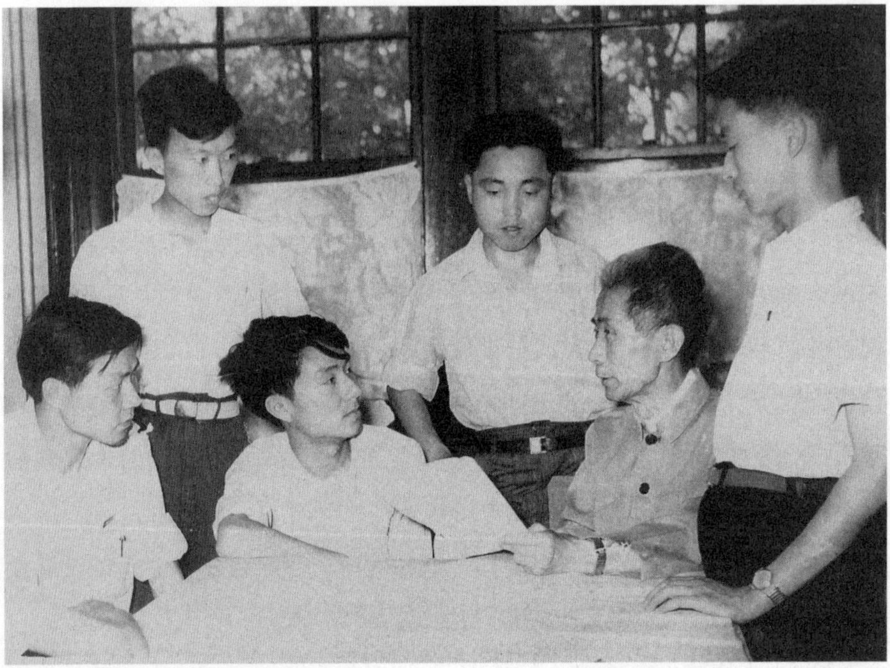

>>20 世纪 60 年代前期与研究生在一起

复了它与社会的“公转”运动。可惜的是，大家就民族形式的问题产生了极大的争论，而且始终未得要领。而且，在大后方，文艺方面还是沿袭五四及大众文学的传统，与北方所走的是两条不同的道路。也就是说，与农民运动密切配合的文艺运动还只是局限在北方，并未扩展到全国。

杨晦对中国现代近 30 年新文艺的演变轨迹的考察，清楚地说明了文艺与社会的紧密关系。在社会发生变革的时期，文艺必定要随着社会的变动发生变革，这是“文艺的公转律”所决定的。但是，杨晦并没有过分夸大文艺公转律的作用。在他看来，文艺与社会之间并非是一种单向的决定论的关系。文艺在受“公转律”的支配的同时，也有自己的运转规律。如果只抓住一头不放，就会陷入僵局，使得文艺失去它的活力。杨晦分析说："在'五四'以后的北平，留守在那里的，有所谓'抱住文化'不放的文艺工作者，于是，形成过一种所谓形式主义的文艺。在'大革命'以后的上海，也有所谓'抱住大众革命'不放的文艺工作者，又曾经形成了一种公式主义。"①显然，这两种倾向都是不可取的。

杨晦不仅用"文艺公转自转律"来考察五四以后中国新文艺的演变轨迹，而且还用它探讨外国理论同中国文学的关系问题。他认为，社会的发展有其普遍性和特殊性，同样，每个民族的文艺的发展，也有国际性和民族性。文艺的民族性最后会落实到一种民族形式。民族文艺在自身发展演变的过程中，会突破旧的民族形式，形成新的形式。杨晦注意到，五四时代的所谓新文化、新文艺，实际上采取的就是欧美资本主义社会的文艺形式。但是，中国社会并没有正常地从旧的封建社会向新的资本主义社会突进，西方资本主义的文艺形式并不一定非常适合中国的国情。所以，中国的新文化运动只是局限在受到过西式教育的青年知识分子的圈子之内。这样一来，中国新文艺要取得重大突破，必须寻求自己的存身之道，而完全依靠外来的影响终究是不行的。杨晦说："外来影响可以促进社会的发展，却不能就以外来影响当作原来社会的发展。外国的文化或文艺能影响原来社会里的文化、文艺，使之进步，甚或跳跃，然而，却还是要以原来的文化或文艺的发展为主流。实际上，除非跟这个社会的发展合流，这种外来的影响，很难得正常地发展下去，纵然一时会显得枝荣叶茂，终于不免要枯萎的呢。"②

就是到了晚年，杨晦转向了中国文艺思想史的研究，他也是循着"文艺

①杨晦：《中国新文艺发展的道路》，《杨晦文学论集》，第278页。
②杨晦：《论文艺运动与社会运动》，《杨晦文学论集》，第258页。

公转自转律”的思路展开的。杨晦说:“我们研究文艺思想,不仅要研究它‘自转’的规律,研究它自身发生发展的历史承继关系;而且要研究它的‘公转’规律,从人类的物质生产实践中去探求它的终极原因。我们追根溯源,探讨人类最初审美意识的萌发和文艺观念的产生,脱离开人类早期物质生活实践,就根本说不清楚问题。如果把‘基础’抛到一边,仅仅把文艺思想当成无源之水,无本之木去作刻意追求,把文艺思想当成‘空中楼阁’来对待,那这‘楼阁’不论多么漂亮,早晚都是要塌下来的。”①

对杨晦的“文艺公转自转理论”,学界多是肯定。毛庆耆对这一理论就作出了很高的评价。他说道,在文艺和社会的关系方面,此前有韦勒克的“外部内部研究”、马宗霍的“外论本论”说等,尤其以前者影响颇大。但是这些理论没有指明内外、表里的联系,似乎只有区别而没有联系。杨晦的“公转自转说”把文艺的“公转律”和“自转律”看作一般和个别、普遍与特殊的对立统一关系。“公转律”支配文艺,要通过“自转律”表现出来,否则支配和限制不能落到实处;文艺的“自转律”永远不能离开“公转律”,有时不受“公转律”的支配。两者紧密相关,相互依存又相互制约。所以,杨晦的学说在过去和现在都是识高一筹的②。董学文认为,在杨晦那里,“文艺的公转和自转律”,不仅仅是一种理论,而且也成了一种方法论③。

从上面的分析可以看出,杨晦的“文艺公转自转理论”有着非常严密的内在逻辑性,而且很能够说明问题。遗憾的是,杨晦没有将“文艺公转自转说”充实完善成为一个系统的理论体系,而只是停留在形象比喻的感性层

---

①杨晦:《关于中国早期文艺思想的几个问题》,《杨晦文学论集》,第449页。
②毛庆耆:《论杨晦的文艺理论建树》,《杨晦先生纪念集》,第40—41页。
③董学文:《论作为文艺理论家的杨晦——从几个概念谈起》,《杨晦先生纪念集》,第100页。

面。杨晦也说，“任何比喻都是有缺陷的”[1]，可见他自己对这个理论还是持保留态度。实际上，杨晦是用自然科学的视角来思考人文科学的问题，而且是像文学艺术这样特别复杂的问题。地球的公转和自转是同时进行的，而且紧密关联。没有无公转的自转，也没有无自转的公转。两者相互依存，互相制约。这是自然规律，亘古如斯。当我们把文艺和社会的关系纳入到这个自然规律中去的时候，我们就会得出这样的结论：文艺的自律和他律同时存在，没有无自律的他律，也没有无他律的自律。但事实上，文艺的发展演变似乎并不会分毫不爽地按照这样的自然规律去运行。原因是多方面的。首先，精神生产和物质生产之间存在一种不平衡的关系。“国家不幸诗家幸”，文艺的发展与社会的演进并不完全同步，有时候还会出现相反的情况。其次，就文艺自身来说，它的演变发展会遵循其自身的历史逻辑，并不一定会按照社会形态和情势所要求的那种面目出现。杨晦多次批评的“形式主义”文艺就是这种情形。那么我们怎样理解杨晦的这一理论呢？有论者认为，杨晦的“文艺公转自转理论”中同时存在一种事实判断和一种价值判断，这两者之间形成了某种悖论。前者是关于文艺是什么的文艺本质问题，认为文艺必然是“公转”和“自转”的统一，所有文艺都必须符合这个条件，否则就够不上文艺。后者是关于文艺应该具备什么性质的价值问题。也就是说，文艺应该是“公转”和“自转”的统一，如果没有达到这一点，虽然可以够得上是文艺，却不是好的文艺。这样一来，文艺是否必然是“公转”和“自转”的结合就成了一个问题了。事实上，杨晦的“公转自转理论”的主要作用是进行判断，并据此分析当时中国文艺的实际和发展方向[2]。这种理解确实抓

---

①杨晦：《关于中国早期文艺思想的几个问题》，《杨晦文学论集》，第 449 页。

②参裴必玉：《试论杨晦的文艺理论思想》，北京大学中文系 2005 届文艺学专业硕士学位论文，藏北京大学图书馆学位论文室，第 24—26 页。

住了“文艺公转自转说”的缺陷。杨晦采用自然科学的角度去思考人文科学的问题，必然会遇到“真”（本来如此）与“善”（应该如此）两种价值的冲突，而这也是理论家经常会碰到的理论的二难。

尽管如此，杨晦的这个比喻是他长期关注、思考中国文艺现状的理论结晶，它在分析中国文艺发展轨迹、文艺流派与思潮、文艺的国际化与本土化等理论问题时显示了理论阐释的有效性，同时也为中国文艺的未来发展提供了某种颇有意义的路径。

三、“农民派”与“农民文艺”

20 世纪 30 年代，中国文艺界爆发了一次京海之争。抗战胜利之后，沉寂一段时间之后的京海之争又开始了。杨晦也开始表达自己的看法。他在 1947 年 3 月写了一篇文章，题为《京派与海派》。但是，他并不是为站队而说话的。对于这两派，他有着自己独特的看法。他说，京派和海派的问题总是给人“一种不良的观感”[①]，因为这两个名词含有褒贬。说到京派，人们就推重、称许或者羡慕；说起海派，人们就流露出轻视或者不以为然的意思。杨晦认为，这说明人们还深受传统观念的支配。京派之所以在战后继续抬头，是因为中国统治者对农村社会加强统治，而且比封建专制还要残暴得多。京派作为封建意识的代表，与各种反动势力相为表里，很明显，京派是反动的。海派作家始终在尽力争取政治的民主，争取反帝反封建的胜利，因此海派是进步和积极的。但是海派不免染上殖民地的工商都市的地方色彩，小市民气息很重，声势有余，实力不足，与广大农村的民主运动难以配合。所

①杨晦：《京派与海派》，《杨晦文学论集》，第 221 页。

以，杨晦认为京派、海派都不能引领中国新文艺的大潮，这两派之间相互攻讦，实在是文艺界的悲剧。

基于此，杨晦提出一个农民派的问题。他说："在这个京派与海派的悲剧里，我认为，有一个农民派的存在。随着中国在抗战期间社会运动的发展，这个农民派作家的问题，逐渐轮廓分明起来，然而，却不为一般人所注意。我觉得，假使我们要解决京派与海派的问题，非提出这个农民派的问题来不可。"①在杨晦看来，当时的知识分子有三种阶级或阶层可供选择，一是传统的封建统治阶级，二是商业买办，三是广大的劳苦大众。京派和海派都是为前两者的阶级利益服务的，其审美意识和文艺观念也深受影响。但是，当时的中国已经展开了轰轰烈烈的农民革命运动，广大的农民已经成为时代的主人。因此，知识分子，特别是农民出身的知识分子，应该形成属于自己的文艺派别。对此，杨晦充满自信："难道说，我们这些农民出身的知识分子，不应该为人民大众服务，而且道路是宽广地摆在我们的面前，反倒要爬到统治者群里去，转过来压迫、剥削人民大众的吗？在这样长期的农民运动当中，自然会培养出许多的农民派作家，既不接受京派的士大夫传统，也不赞成海派的作风，他们走的是人民解放的路线，是为人民大众服务的那样作家。他们以作家的资格，不出现在文化商场，却出入于人民大众的解放斗争里边。他们的作品不是商品而是武器，不是有交换价值的商品；而是有使用

>>《杨晦选集》封面

①杨晦：《京派与海派》，《杨晦文学论集》，第 225 页。

价值的武器。他们的作品,并不要藏之名山,然后传诸后人;而是要走进人民的队伍里去,捧献在人民大众的面前。"[①]所以,"我们把希望寄放在农民派的作家身上,随着中国农民运动的成功,我们农民派的作家,将在文艺上放出胜利的光芒"[②]。

紧接着"农民派",杨晦提出了"农民文艺"。如果说"农民派"涉及的还只是作家知识分子的立场问题,还不至于引起多大的误解的话,那么,"农民文艺"的提法因为和当时权威的文艺观念之间存在某种相似之处,却引起了后来许多研究者的误解。

"农民文艺"和"农民派"这两个概念之间的逻辑是一致的,有了"农民派"就自然会创造出"农民文艺"。但杨晦并没有省这个笔墨,他花了比论述"农民派"更多的篇幅来论证"农民文艺"的问题。1948 年 1 月,杨晦撰写了《中国新文艺发展的道路》一文,发表在《文讯》第 8 卷第 2 期上。在这篇文章里,杨晦一开始就指出,中国文艺界面临一个危机,中国的新文艺已经走到绝路上了。那么,危机究竟来自哪里?杨晦下这一判断的依据是什么呢?

杨晦依照他的"文艺公转律",考察了 1927 年上海大革命以来文艺和社会运动的复杂关系。他说:"自从'大革命'失败以后,中国社会革命的方向已经转变,由都市转向农村,在中国内地农村里展开了土地革命运动。这个转变一直在继续发展,经过八年的抗战,到现在已经快有二十年的历史,这中间,我们的文艺运动所遵循的路径,却依然是抗战前,北伐后的上海路线。"[③]"在抗战前,所谓新文艺的,曾经盛极一时,这时期却有了衰落的现象。"话剧卖座只有三四成,新诗集只销出几册。"我们的青年文艺工作者自

---

①杨晦:《京派与海派》,《杨晦文学论集》,第 228—229 页。

②杨晦:《京派与海派》,《杨晦文学论集》,第 229 页。

③杨晦:《中国新文艺发展的道路》,《杨晦文学论集》,第 277 页。

然难免陷于迷惑的深渊，有些歧路彷徨起来。”[①]事实上，“我们的新文艺，特别是在抗战期间的大后方，早显出一种脱节的现象：文艺跟社会脱节；作家的写作跟批评家的理论也脱节。所以，中国的新文艺，只就新文艺的本身说，也是一种贫血的现象。”“我们的批评家，被人盲目捧为权威的批评家，却一直深藏在他们的‘五四’传统里边，好像契诃夫所写的《套中人》一样，也一定要固执地把作家都装在他的理论套里才肯甘心。”[②]然而，这个时候，“乡村的农民运动已经成为一种极大的力量，同时也创造了他们的文化与文艺”[③]。新文艺衰落了，贫血了，不仅创作如此，就连批评也是这样，始终固守五四或者“北伐”路线。但是，社会已经发生巨大的变化了，解救文艺的唯一办法就是让文艺和社会保持一致。而这个时候社会运动的主潮是农民革命运动，文艺的未来方向已经摆在面前了：“文艺发展要跟社会的发展一致，中国文艺的发展当然就应该跟我们的农民运动一致。换句话说，就是要在农民运动的发展里，配合着农民运动，展开我们的文艺工作，建设起我们的农民文艺来。”[④]

当然，杨晦也清楚，要真正实现“农民文艺”也不是一件容易的事情。首先，文艺界对“农民文艺”并不十分认同，那些坚守五四文艺传统的极端派根本就不承认这是文艺；就算承认，也反对把“农民文艺”当作文艺运动的方向。这是为什么呢？杨晦认为原因出自文艺传统和知识分子自身的缺陷：“这不但是‘五四’文艺传统，实际上，也是一般的文艺传统在作祟；不但是对于农民，农民运动和农民文艺的误解，实际上，也是知识份子受到本身的缺点

①杨晦：《中国新文艺发展的道路》，《杨晦文学论集》，第279页。
②杨晦：《中国新文艺发展的道路》，《杨晦文学论集》，第284—285页。
③杨晦：《中国新文艺发展的道路》，《杨晦文学论集》，第278页。
④杨晦：《中国新文艺发展的道路》，《杨晦文学论集》，第285页。

>> 1956 年访问捷克和波兰(左一为杨晦,左三为峻青)

和弱点的限制不能突破的缘故。”[1]正因为如此，所以尽管五四时期的文学革命成功了，但是北伐之后的文学革命实际上却失败了。因为当时所号召的普罗文学并没有真正深入到无产阶级中去，没有与无产阶级发生深切的关系。知识分子采取了改良主义的办法，实际上文艺没有从知识分子转手到无产阶级。因此，要真正实现农民文艺，一定要真正实现文艺从知识分子转手到农民手中。这就要求作家不仅要彻底转变思想意识，还要改变生活态度，和农民站到一起[2]。

杨晦提出，“农民文艺”可以分为两种：一种是“为农民的农民文艺”，一种是“农民化的农民文艺”，这是写农民生活却让知识分子来读的农民文艺。现在所着重的是前者。所以杨晦呼吁知识分子作家要到农村里去，跟农民结合起来，共同担当文艺革命，建立真正的而非改良主义的农民文艺[3]。

要求知识分子深入农村，与劳苦大众紧密结合，这与毛泽东 1942 年的《在延安文艺座谈会上的讲话》精神是一致的。但从杨晦富含感情的表述中我们可以读出不同的信息来，他说：“我们是从农村来的，现在，要回到农村去。我们是从农民的队伍中走出来的，现在我们要回到农民的队伍中去。我们为什么还要迷恋这日就枯竭的都市，就像迷恋一具枯骨呢？为什么要在都市里成天受物价高涨的威胁，受失学失业甚至失踪的威胁，受无衣无食并且无处安身的威胁呢？都市的前途没有了，都市的享乐的梦也应该醒了。我们明明是散兵游勇的一流，流离到都市里，快要成为垃圾一般了，却徘徊在十字街头，自命不凡，摆出开路先锋的威势来，这就算完成文艺工作者的

---

①杨晦：《谈知识分子的改造》，《杨晦选集》（一卷本），第 471 页。
②杨晦：《谈知识分子的改造》，《杨晦选集》（一卷本），第 473 页。
③杨晦：《谈知识分子的改造》，《杨晦选集》（一卷本），第 482 页。

使命了吗?”[①]杨晦自18岁考入北京大学,先后在北京、沈阳、太原、厦门、济南、天津、青岛、上海、桂林、南京等城市辗转谋职,他对城市生存的艰难深有体会,也看清了都市的腐朽、卑污和没落,眼前的一切使得这位来自农村的知识青年对都市彻底失望了。这个时候,广大农村,特别是解放区,正展开大规模的农民革命运动,相比都市,农村倒显得更有生气。杨晦几乎是以一种决绝的心情要逃离都市,投身到乡村的广袤大地上的。

在文艺的形式方面,杨晦也受到了《讲话》的影响。毛泽东在《讲话》中将文艺如何为工农兵服务的问题概括为两句话:在普及的基础上提高,在提高的指导下普及。毛泽东要求作家和文艺工作者走大众化、民族化的道路。此后,文艺的民族化、大众化就成了解放区文艺的重要特色。当时,民间艺术形式广受欢迎。1943年春节,鲁迅艺术学院的秧歌队轰动了延安,后随解放军扭遍了全国;诗歌方面,陕北信天游民歌被发掘整理;小说方面,章回体被重新采用;美术方面,剪纸、木刻比较发达;音乐上也吸取了民间音乐的曲调[②]。大概是受到这种民间艺术风尚的感染,杨晦对“农民文艺”的民族形式尤为看重,在他看来,流行于中国民间的秧歌剧、偶人戏、影戏、鼓儿词、弹词、平话或板话等,都是民族创造力的结晶。而且,“在像中国这样的社会里,听的文艺比看的文艺对于我们的人民,无论是工商还是农民都一样,是更为亲近,更容易接受。也就是说,听的文艺比看的文艺应该更发达”[③]。而目前中国的所谓新文艺,却是以看为主,比如新诗,采用欧化的白话来写,没有音韵,既不顺口也不顺耳;戏剧采用欧美纯话剧的形式,其语言也不适合观众的听觉;至于小说,不要说听起来顺耳了,就是读也不是随便读得懂的。

---

①杨晦:《中国新文艺发展的道路》,《杨晦文学论集》,第282页。
②参吴中杰:《中国现代文艺思潮史》,复旦大学出版社1996年版,第244—245页。
③杨晦:《中国新文艺发展的道路》,《杨晦文学论集》,第287—288页。

这样的新文艺只是局限在知识分子圈子里，如何才能被老百姓所接受？据此，杨晦提出了“农民文艺”自己的主导形式：“至于我所说的农民文艺，却应该是听的文艺，不是看的文艺，或者是以听为主，以看为副的文艺。”①他还把这种“以听为主、以看为副”的文艺确定为中国新文艺的发展方向。

关于“农民文艺”的提法，杨晦在多个场合作了解释。他说：“在中国这种特殊性质的社会里，农民是人民中的基本队伍，是社会变革的决定力量。”小市民和工人保留着很重的农民气质；知识分子中，特别是青年学生，也以农民性为最显著的特色。小市民社会的文艺与农民间所流行的文艺没有多大的差别。“而且，我们小市民所爱好的文艺，也都为我们的农民所爱好；反过来，我们农民所爱好的文艺，也并不为我们的小市民所拒绝接受。这就是一脉相传的，多少年来，为我们老百姓，不论是工商，还是农民，所喜闻乐见的民族文艺。”②

由此，杨晦的“农民文艺”应该理解为带有“农民性”或“农民气质”的文艺，它实际上涵盖了农民、工人、士兵、青年知识分子、小市民等阶层，是活跃在中国民间的人民文艺。但他为什么不叫作“人民文艺”呢？杨晦说：“这不过是使所谓人民文艺的有更确定的内容，而且用以表示中国的人民文艺的特殊性质吧了。”③到后来，杨晦还就这个问题作了进一步说明：“当时提‘农民文艺’，是鉴于中国共产党领导的革命根据地在农村而农民构成了中国革命的基本力量的现实情况，本意是要求文艺工作者在思想上和行动上真正能与实际革命斗争结合起来。所谓‘农民文艺’，实际指的就是解放区涌现的

---

①杨晦：《中国新文艺发展的道路》，《杨晦文学论集》，第 288 页。
②杨晦：《中国新文艺发展的道路》，《杨晦文学论集》，第 286 页。
③杨晦：《中国新文艺发展的道路》，《杨晦文学论集》，第 286 页。

>>1974 年春与家人合影

无产阶级的人民大众的革命文艺。”①

此后，不同时期的研究者对杨晦的“农民文艺”作出了各自的定位和评价。

20世纪40年代末，有的论者基本上肯定了杨晦的“农民文艺”是新文艺的未来道路，但对知识分子离开都市回到农村的做法以及过分强调“听的文艺”、忽视看的文艺的观点提出了不同意见②。时隔近60年后，杨晦的同事、学生们再回过头来打量这段文艺思潮史，都认为杨晦的“农民文艺”存在理论上的偏颇。吕德申说：“现在看来，所谓‘农民运动’‘农民文艺’等提法，是不确切的。……所谓‘农民文艺’，实指当时解放区在毛泽东同志《在延安文艺座谈会上的讲话》以后涌现的无产阶级的人民大众的革命文艺。”③董学文评价说：“对于杨晦的这些观点，严格地评判，应该说是存在着某种理论偏颇。至少，它缺乏一种更全面的概括性和完整性，特别是，他把未来新文艺定位于‘以听为主，以看为副’的文艺，尽管照顾到了广大文化水准甚低的农民群体的审美习惯，但毕竟不完全符合现代文艺运动的实际，并且同人民大众期待的真实的新文艺未来也有距离。”④

比较起来，孙玉石的观点更为深入，也更能说明问题，在引述杨晦农民文艺的观点之后，孙玉石作出了这样的定位：“杨晦显然已经是在《讲话》的影响下思考着中国新文艺发展道路的问题。他提出的理论设想，是他以一种过分理想化了的范本对于新文艺道路的自我诠释。”⑤孙玉石认为杨晦提

---

①这是杨晦生前对笔者说的一番话，见杨晦：《中国新文艺发展的道路》，《杨晦文学论集》，第289页脚注。

②参潘凝：《作家到农村去和作品的为听和为看》，载1948年5月15日上海《文讯》第8卷第5期。

③吕德申：《杨晦的文艺理论遗产》，见《杨晦先生纪念集》，第24页。

④董学文：《论作为文艺理论家的杨晦——从几个概念谈起》，《杨晦先生纪念集》，第97页。

⑤孙玉石：《论杨晦的文艺思想和文学批评》，《杨晦先生纪念集》，第79页。

出的“农民文艺”的道路，是一种“理论的偏离”[①]，他“在相当合理的追求中却带来了明显的不合理的、也很难有实际操作性的结论。这个责任主要应该由历史来承担”[②]。接下来，孙玉石分析了杨晦走入这一理论偏颇的主客观原因：从心理上，作为一个贫苦农民出身的文学理论家，杨晦内心多少有一些对于脱离人民大众的城市文学的愤激。在美学上，杨晦受到了左翼文学理论思潮中关于现实主义研究的狭窄视角的限制，这导致他“在对于中国新文艺道路和方向的追寻中，产生了过分简单化的理论思路”[③]。

孙玉石的分析更能把握杨晦“农民文艺”的关捩，因此也更有说服力。尤其是他对其心理原因的分析，的确很到位。杨晦出身于东北的贫苦农民家庭，对于农民有着天生的感情。在多年的辗转谋生的历程中，他目睹了农村和都市的巨大差别，生活的压力、人事的复杂、战乱的残酷，使得他对城市以及以城市为根基的文艺持有警惕和排斥的态度，而对流行于广大农村的民间文艺尤为看好。这种个人化的视角很自然地影响了他对五四以来中国新文艺的理解，也使得他提出的新文艺的未来道路显得有些偏狭。

尽管如此，杨晦提出的“农民文艺”仍然有较大的理论价值和美学意义。遗憾的是，由于某种原因，学界对这一观点的重视不够。大多数研究者都是把“农民文艺”同毛泽东《讲话》中的人民大众文艺归到一起，依据就是杨晦自己也这样解释过。我觉得这种理解还是隔了一层，并没有触及杨晦“农民文艺”的深层意旨。笔者曾就这一问题请教过杨晦之子、现任北京大学中文系教授的杨铸先生，杨铸回忆说：杨晦生前挚友冯至先生曾对他说：“你的父亲其实是一个诗人，他并未想到要做一个纯粹的文艺理论家。”此言不诬，考察

---

①孙玉石：《论杨晦的文艺思想和文学批评》，《杨晦先生纪念集》，第 80 页。
②孙玉石：《论杨晦的文艺思想和文学批评》，《杨晦先生纪念集》，第 81—82 页。
③孙玉石：《论杨晦的文艺思想和文学批评》，《杨晦先生纪念集》，第 82 页。

杨晦的前期创作和批评，这种诗人的眼光和姿态随处可见。同样因为诗人的眼光，杨晦对“农民文艺”的社会功利价值的诉求带有明显的乌托邦色彩。他认为，都市与农村分离，统治与被统治阶级分离，脑体分离，导致都市日趋发达繁荣，农村日渐凋落贫瘠。“都市的繁荣与发达是建立在农村的衰落与贫瘠上的，都市的文化文艺也建筑在农村的愚昧与无知上面。这就整个人类社会说，是一个大悲剧；就人类文化说，是一种病态。一旦，社会变革了，阶级的对立消除了，成为无产阶级的社会了，那时候所谓智力劳动与体力劳动自然统一起来，所谓都市与农村之间自然不会再象过去那样的分裂。……我们的农民文艺随着社会的发展，到时候，自然繁荣滋长，成为我们整个民族的人民文艺。或者说是，等到我们的农民运动完全成功了，我们的农民文艺完成了，农民文艺这个名词也自然就随之消灭，不再存在。”[①]在杨晦看来，“农民文艺”担当了拯救农村的重大使命，它只不过是一个暂时的称谓。

实际上，“农民文艺”和《讲话》中的为工农兵服务的大众文艺并不完全一样。杨晦站在农民的身份立场，他感觉有必要建立属于农民自己的文艺。笔者认为，杨晦的本意是要突出文艺的“农民性”或“农民气质”，它可以包括工人、青年知识分子、小市民等，但以农民为主体。杨晦受到《讲话》精神的影响是肯定的，但他并没有照搬权威的理论，而是根据自己的人生经历和文艺经验提出了自己的思考。杨晦认为，在漫长的封建社会里，文艺只是少数人的专利，是统治阶级对被统治阶级进行精神钳制的工具，其中，广大的农民阶级就是最大的受害者。现在，随着农民革命运动的展开，农民也有属于自己的文艺，它是“采用我们民间流行的文艺形式，来反映我们的农民运动，

①杨晦：《谈知识分子的改造》，《杨晦选集》（一卷本），第479页。

反映我们的农民斗争,农民解放,反映我们的农民翻身,我们的农民站了起来的文艺"[①]。这难道不是一件具有历史意义的事情吗?

"农民文艺"强调"以听为主、以看为副"的民族形式,其实质是突出中国传统或民间文艺的视听特性。杨晦所说的"看"其实是"读",其对象是以文字为载体的文艺作品。对于当时的中国情形而言,要想在绝大多数都是文盲的农民中间普及文艺,那就得突出民族文艺中的视听特性。当然,杨晦把这种形式看成拯救中国新文艺的药方,那也是不切实际的。吊诡的是,60年后的今天,中国的文艺竟然发展到"以视听为主、以读为副"的状况了,以语言文字为载体的文艺遭遇到前所未有的挑战,强调视听娱乐的图像化文艺一时间大行其道。或许,在这个价值多元化的时代,杨晦"以听为主"的文艺形式也能够获得一席之地吧。

四、现实主义与浪漫主义

五四以来,现实主义、浪漫主义和现代主义等不同历史时期的外国文学思潮同时涌入中国的文艺界,它们经过近三十年中国文艺实践的阐释、运用和选择,为中国现代文学做出了各自的贡献。但是,浪漫主义和现代主义都没有在中国获得充分发展的条件,只有现实主义才能执新文学的"牛耳",成为领导整个文坛发展的主流。现实主义之所以能够在中国占据主流地位,这是由时代决定的。主要是政治因素和社会心理因素这些"外力"推动现实主义的发展[②]。

---

①杨晦:《中国新文艺发展的道路》,《杨晦文学论集》,第288页。
②参温儒敏:《新文学现实主义的流变》,北京大学出版社2007年版,第212页。

1958年,为了配合“大跃进”运动,文艺界也提出了“全党办文艺”“全民办文艺”“文艺放卫星”等口号。在这一文艺政策的指引下,北大中文系五五级集体编写了一本70万字的《中国文学史》,该文学史贯穿着“现实主义与反现实主义的斗争”这一理论,将中国文学史上所有的作家作品按照现实主义与反现实主义的类别进行划分,褒贬分明,优劣自判。这种二元对立的理论由文艺界的权威茅盾首创。后来,毛泽东又提出了“革命的现实主义和革命的浪漫主义相结合”的文艺创作方法,简称“两结合”。因此,“两结合”又成了无往而不胜的理论法宝。所有中外文学史上的经典之作都被看作采用现实主义和浪漫主义相结合的方法创作出来的。实际上,“两结合”理论抬高了浪漫主义,这是配合时代的政治任务而人为操作的结果。一时间,“浪漫主义精神”成了社会主义事业快速发展的重要力量源泉。这个时候的文艺领导人以及理论家过分鼓吹和刻意论证“两结合”,进一步助长了主观主义、不讲实事求是、不讲科学的文艺歪风,同时也造成了文艺界一些理论观念的混乱。

正是在这样的社会时代背景和理论氛围之下,杨晦提出了他对于现实主义和浪漫主义的独特看法。从1958年5月到1959年5月这一年的时间里,杨晦先后撰写了3篇有关现实主义和浪漫主义的理论文章。文章里,杨晦结合新中国成立以来文艺界流行的观念,比较系统地阐发了他对现实主义、浪漫主义以及“两结合”理论的看法。

1958年5月,杨晦撰写了《关于现实主义问题》一文,文章首先解决的问题是将“现实主义”加以还原。杨晦认为,人们对“现实主义”的理解比较混乱,实际上是把艺术的本质特性、反映的对象、作品中进步的思想倾向等问题一锅煮了,因此混淆了各种创作方法之间的区别,实际上就取消了现实主义。现实主义被冠以正确、积极、先进、进步等光环,凡是不符合现实主义的作家作品都被归为反现实主义。这种非此即彼式的二元论思维确实太机械、太僵化了。针对茅盾提出的“现实主义与反现实主义的斗争”理论，杨晦鲜明地指出：“有的同志提出了现实主义与反现实主义的公式，并且用这个公式去套整部文艺发展史，这不符合历史事实。……提出现实主义和反现实主义公式的同志认为，既然文艺起源于劳动，劳动人民是物质财富和精神财富的创造者，是文化的主人，那末民间文艺一定是文艺发展的主流；而既然现实主义是好的，那末民间文艺一定是现实主义的，推而广之一切进步的文艺也一定都是现实主义。这是把思想上的斗争与文艺上的创作方法问题混起来了，同时也是对文艺发展史的曲解。”①

因此，杨晦要做的第一步工作就是要给“现实主义”祛魅，褪去“现实主义”头上的光环，使得人们的眼光不再迷离。按照杨晦的理解，现实主义的概念用在不同的场合表示不同的含义，比如现实主义的人生观、世界观，现实主义的文艺思潮、文艺流派，等等，但这些概念都不能深入现实主义问题的腹地。要想解决文学创作、文学史、文学观念等问题，必须从创作方法入手去弄清楚现实主义。所以杨晦一再申明：“这里所谈的现实主义，是作为文学上的创作方法来看，不作为文艺思想或世界观看，也不作为文艺思潮，文艺流派看。”②很明显，创作方法是一

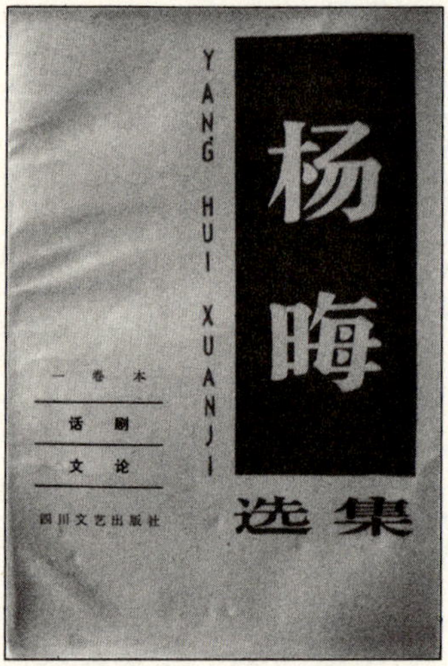

>>《杨晦选集》(一卷本)封面

①杨晦：《关于现实主义问题》，《杨晦文学论集》，第423页。
②杨晦：《关于现实主义问题》，《杨晦文学论集》，第419页。

个中性词，它不带价值判断，既然是一种方法，那与其他创作方法之间就没有严格的等级界限了。而且既然是一种方法，别的文艺流派也可以拿过来使用，流派之间的壁垒被拆除了，许多纠缠不清的问题就会更容易解决了。杨晦说："解决创作方法的现实主义问题，是文学艺术理论研究中面临的最基本问题之一，只有把现实主义作为创作方法来看，才能把一些当前提出的重要问题解释清楚，如现实主义和浪漫主义的关系、现实主义与反现实主义的提法问题在哪里等。把现实主义作为创作方法看，才能区别清楚艺术与科学，区别清楚广义文学与狭义文学。如果把现实主义作为文艺思潮看，或是作为人生观、世界观看，就不能很好地解决文学创作问题。"①

关于"现实主义"方法，杨晦在《关于现实主义与反现实主义问题论纲》一文中有详细深入的分析。这篇文章是由杨晦的学生邵岳、张钟、胡经之、王世德、周强等人根据他的讲课笔记整理而成的，发表在《北京大学学报》(人文科学版)1959 年第 2 期。文章一开始，针对当时文艺界出现的关于现实主义的一些模糊的理解，杨晦旗帜鲜明地指出这种理论是错误的，接下来，他把现实主义作为一种创作方法从其他创作方法、文艺本质、表现对象、思想倾向等问题中剥离出来，并加以分析论证。

杨晦说，这种错误的理论是把创作方法与文艺本质、反映对象、思想倾向等问题混为一谈了②。在他看来，创作方法与文艺本身不是一回事。艺术要形象地反映现实生活，这是艺术的本质属性。但是如何形象地反映，就是创作方法的问题了。现实主义只是其中一种方法，不能代替其他的创作方法。如果认为凡是形象地反映现实就是现实主义，那就是说所有的艺术都

①杨晦：《关于现实主义问题》，《杨晦文学论集》，第 419 页。
②杨晦：《关于现实主义与反现实主义问题论纲》，《杨晦文学论集》，第 403 页。

>>20 世纪 50 年代后期与家人合影

是现实主义的了，这就取消了各种不同的创作方法，包括现实主义创作方法。同样，创作方法与所反映的对象也不能混为一谈。因为文学艺术可以采用不同的方法反映现实生活，如果看到作品反映的是现实生活，就认为作品一定是现实主义，就会忽略反映现实生活的不同方法，遮蔽了其他方法的存在。而且，创作方法与思想倾向也不能混淆。不能把现实主义与先进思想倾向等同起来，认为有先进思想就一定是现实主义的。事实上，进步的思想倾向不是现实主义的专利，积极浪漫主义作品也表现出先进的思想倾向。

接下来，杨晦进一步分析了这种错误理论形成的原因以及后果："这种理论忽略了文艺的特点。看到一部历史是阶级斗争史，一部哲学史是唯物主义与唯心主义的斗争史，便把这些公式照搬到文艺上来，把文艺史跟两种文化斗争史，把文学上的阶级斗争跟现实主义与反现实主义斗争等同起来。实际上，文艺发展史，要复杂得多。"①由此可见，现实主义与反现实主义的斗争实际上是阶级斗争和哲学路线斗争在文艺上的一种反映，是二元论、阶级论、教条主义、形而上学对文艺的歪曲和误导，它用现实主义抽象地套在不同方法、不同时代和不同题材的作品上，其结果是模糊了现实主义的真正特点，贬低了或取消了其他体裁的作品，肢解了丰富复杂的文学史，所以，"拿这种理论去解释文学史，必然会陷入矛盾，引起混乱，抹杀很多应该肯定或批判地学习和继承的文学遗产"②。

同样，杨晦也是从创作方法的角度去谈浪漫主义的，而且往往把这两种方法放在一起比较。杨晦接受了高尔基关于文学创作方法的观点，认为现实主义和浪漫主义是文学史上两个主要的倾向和潮流。他简略地考察了现实主义和浪漫主义这两种方法在中国文学史上的具体运用。他认为《诗经》的现实主义倾向特别强，积极浪漫主义在屈原的诗歌中有着突出的表现和成就。这两种方法在以后的文学中不断发展，特点越来越明显。在诗歌方面，尤其是抒情诗，浪漫主义方法非常适合。而小说、戏剧则更倾向于用现实主义的方法。但也要具体作品具体分析，不能一概而论。比如《水浒》《三

①杨晦：《关于现实主义与反现实主义问题论纲》，《杨晦文学论集》，第405页。
②杨晦：《关于现实主义与反现实主义问题论纲》，《杨晦文学论集》，第405页。

国演义》中塑造了像李逵、鲁智深、武松、关羽、孔明、张飞等鲜明的人物形象，这都是作者创作出来的理想化的人物。“《水浒》里对现实的描写，是充满了主观愿望、幻想，按照作者希望、愿意看到的样子在描绘，但这种愿望、幻想是有真实的现实基础的，所以它基本上是极浪漫主义的杰作。”①

1958 年 12 月，正是党确立“大跃进”的文艺路线的那一年年底，杨晦撰写了《革命现实主义和革命浪漫主义相结合与时代的关系》一文。杨晦对这种“两结合”的提法非常赞成，文章一开始他就亮明了自己的立场：“毛主席提出的革命的现实主义和革命的浪漫主义相结合的创作方法，对我们有重大的指导意义。就创作方法来说，这是有文学历史以来的最好的创作方法。”②大概在党的最高领导人确立“两结合”之前，杨晦就已经想到了这种文艺创作方法，至少不会反对。只是因为种种原因，杨晦没有率先提出来。杨晦关于创作方法的思考受高尔基的影响很大，而且他对此前中国新文艺史上所出现的理论偏执是很清楚的，杨晦说：“过去常常是这样：一个时期强调现实主义，一个时期又强调浪漫主义。……在强调浪漫主义时，好像一切好的有价值的作品都是浪漫主义的，而贬低现实主义；赶到强调现实主义时，又把浪漫主义贬得很低，对好的作品和作家，都加上一个现实主义作品或作家的称号。这里反映了这样两个问题：一、把现实主义和浪漫主义完全对立和隔绝开了；二、肯定艺术要反映现实，却忽视了现实主义和浪漫主义两者都是反映现实的，只是反映的方法和态度不同。”③从这里的论述可以推想，杨晦完全有可能产生将现实主义和浪漫主义这两种主要创作方法结合在一起的理论设想。所以，他会说“两结合”是“有文学历史以来的最好的创作方

①杨晦：《关于现实主义与反现实主义问题论纲》，《杨晦文学论集》，第 417 页。

②杨晦：《革命现实主义和革命浪漫主义相结合与时代的关系》，《杨晦文学论集》，第 429 页。

③杨晦：《革命现实主义和革命浪漫主义相结合与时代的关系》，《杨晦文学论集》，第 429—430 页。

法”。

尽管如此，我们还应看到，杨晦赞同“两结合”理论仍然没有脱离他的“文艺—社会”的思想体系，没有脱离他的“文艺公转自转”模式。他说：在过去的历史条件下，尽管现实主义和浪漫主义的因素都存在，但由于现实的原因，有时候现实主义的东西被浪漫主义支配着，不容易显现出来，而有时候浪漫主义又受到压制。将两者结合起来，困难很大。在党的领导下，生产关系和生产力得到解放，劳动人民敢想、敢说、敢干，这自然体现着高度的革命浪漫主义精神。所以，“两结合”就具备了它得以存在的社会时代条件。遗憾的是，在“大跃进”的文艺路线的鼓动之下，“两结合”并没有真正实现，“浪漫主义精神”的作用被无限夸大，现实主义的精神却萎缩了。对于这种情况，杨晦还是很清醒的：“然而这个敢想、敢说、敢干一定要有革命现实主义作基础，不然的话，敢说的‘说’里面就可能包含乱说的成份，敢想的‘想’中近乎玄想的东西就会比较多，而敢干的结果恐怕尽闯祸了。”①

总的来看，杨晦从创作方法的角度去考察现实主义和浪漫主义的问题，角度是客观的，方法是科学的，态度是理性的。这样做，比起那些无视艺术规律而一味政治跟风的所谓“理论家”来说，更能够引起人们的尊重。

---

①杨晦：《革命现实主义和革命浪漫主义相结合与时代的关系》，《杨晦文学论集》，第434页。

第八章　运思古典

一、中国文艺思想史研究

1952年，杨晦为刚入校的北大中文系新生讲授《文学概论》这门课程，但此时，并没有现成的文学理论教材。后来，教育部决定从苏联聘请文艺学专家，在北京大学设立全国高校文艺理论研究班，调送全国文艺理论教师来北大研修，由时任北大中文系主任的杨晦担任研究班班主任。当时请来的苏联专家是毕达柯夫，他是季摩菲耶夫的学生。他在北大讲授的《文艺学引论》，基本上是乃师季摩菲耶夫《文学原理》的体系，而且所举的例子也多是俄罗斯的古典和现代作品①。

这个时候，杨晦表现得非常冷静，他并没有一味追随苏联专家，唯苏联专家马首是瞻，而是认真反思中国文艺理论自身的建设问题。他注意到，这套理论与中国的文艺实际之间是脱节的，不能硬性照搬，而应该研究发掘中

①参胡经之：《诲人不倦启后人——怀念晦师》，见《杨晦先生纪念集》，第188—191页。

国传统自身的文艺实践和思想资源。他为出版的《文艺学引论》教材写了后记,并在后记里郑重地提出这一主张,认为解决苏联理论与中国文艺实践脱节的问题是摆在中国学者面前的学术任务。应该说,他对文艺理论建设的思考不仅在当时来说是前沿的,就是拿到现在来看,也并没有过时,仍然具有较大的启示意义。更为可贵的是,杨晦并不是随便说说,空喊口号,或者写几篇相关的理论文章对付了事。在他看来,这是一个庞大的系统工程,非短时间可以奏效。杨晦认为,要解决这个问题,一定要深入研究中国文艺思想史,探寻中国审美意识的发展演变轨迹。所以,他产生了一个富有创见的重大理论设想——建立"中国文艺思想史"学科。这个时候,中国的学术界正开始轰轰烈烈的"反右"斗争,杨晦不愿被卷入,将主要精力放在中国文艺思想史的研究上。1959 年秋,杨晦开始致力于中国古代文艺思想史的资料整理和研究工作,并在北大中文系开设"中国文艺思想史"课程。为了配合学科建设,1962 年,杨晦还招收了中国文艺思想史方向的研究生。大概从 50 年代末开始,杨晦的学术研究转向了中国古代,尤其对中国文艺思想史和元曲用力甚勤。遗憾的是,正当杨晦埋头学术研究的时候,大规模的政治运动开始了,紧接着是十年"文革",杨晦受到了冲击,他更无法安心研究学术了。等到"文革"结束,杨晦已经是垂垂老矣,未竟之业,只好有俟来者了。

杨晦要创建的“中国文艺思想史”学科，立意高远，规模宏大，这是他长期积累、深思熟虑的结果。杨晦在为学生讲课和辅导的过程中，将这门学科的指导思想定为几个方面[①]：第一，将文艺思想史与哲学史打通。杨晦早年出自北大哲学门，对西方的哲学、美学比较了解。同时又有比较厚实的国学根基，在长期的教学研究中，他发现要想研究文艺思想史，必须了解哲学。尤其是先秦时期，文艺思想本身就是哲学的一部分。所以，他要求广泛阅读中国古典哲学典籍。第二，在研究的材料依据方面，效法王国维的二重证据法，把有文字记载的古代典籍与考古发掘的实物材料结合起来，相互印证。第三，要从发展的观点考察文艺思想史，采取由点到线，由线到面的研究方法。因为文艺思想史是流动的，研究时先要选取某些比较突出的点着手，然后跳出来，将点连成线，再将线连成面。同时探索不同时代文艺思想的继承革新关系，从中理出一条发展的脉络来。第四，文艺思想是从创作实践中总结出来的，同时又反过来指导创作实践。中国早期文艺思想资料不系统，不完整，所以，搞清楚文艺思想得以出现的实践基础及其对文艺发展的意义非常必要。第五，在研究对象方面，文艺思想不仅仅表现在文学领域，还表现在音乐、绘画、雕塑、书法等其他艺术类型的实践和理论成果之中，所以中国古代的书论、画论、音乐理论等都是文艺思想史研究的重要对象。第六，坚持文艺思想史的“自转律”与“公转律”相结合的原则，除了要研究文艺思想自身发展的历史继承关系之外，还要从人类生产实践规律和物质生活等方面探求它的终极原因。

事实上，杨晦的这些指导思想已经在其关于中国早期文艺思想的研究

---

①参郁源：《怀念我的导师杨晦先生》，《杨晦先生纪念集》，第117—119页。同时参看杨晦：《关于中国早期文艺思想的几个问题》第一部分，见《杨晦文学论集》，第445—449页。

成果中得到了很好的体现。我们现在所能接触到的，是杨晦1959年在北京大学所讲“中国文艺思想史”课程导论中的一部分，文章由杨晦先生之子杨铸教授根据当时的记录稿整理而成，题目为《关于中国早期文艺思想的几个问题》，收入《杨晦文学论集》。

在杨晦看来，研究中国文艺思想史要解决的第一个问题，就是人类审美意识是如何形成的。因为“人类审美意识的形成，同文艺的起源有着直接的关系。如果这个问题不搞清楚，会影响到后面一系列的研究”①。杨晦认为，人类的审美意识是在认识和改造自然界的物质生产实践中逐渐发展起来的。他创造性地解释了马克思关于“美的规律”的观点，马克思说，人懂得按照任何一种尺度进行生产，并把内在的尺度运用到对象上去，因此，人按照美的规律来建造。杨晦认为，所谓“美的规律”，其实就是合“宜”的规律。人类改造自然，其实就是不断追求“适宜”，并在求“宜”、合“宜”的过程中体验到自身的力量，产生愉悦的情感——美感，因此，凡是适宜了人类生存与发展的客观事物都能引起人的美感，都是美的。他引用《管子·五行》篇中的观点：“人与天调，然后天地之美生。”所谓“调”，就是人与自然相互协调、谐和，也即达到“宜”。这样就产生了美。现在来看，杨晦关于“美”即合“宜”的观点仍然具有较大的理论价值，闪耀着独创性的思想火花，值得我们作进一步的深入阐发。实际上，如果结合中国传统文艺的创作实践来理解，合“宜”的观点也许更能发挥其理论的价值。甲骨文的“宜”表示的就是屋子里的俎上有肉的意思，所以“宜”预示着物质欲望的实现，与“吃”大有关系。而中国古代的审美观念也与“吃”有着紧密的关联，比如“滋味”“味外之味”等美学命题就与“吃”分不开。再如，说文章写得好，会说读来“余香满口”“味

①杨晦：《关于中国早期文艺思想的几个问题》，《杨晦文学论集》，第449页。

道十足”等,这其实也是合“宜”的表现。此外,所谓“宜”,还有适合、相称之意。“宜”讲求适度,这与儒家的中庸思想暗合。儒家讲美,强调“文质彬彬”“乐而不淫、哀而不伤”,讲究一个度,这也是合“宜”。所以,杨晦合“宜”的美学观念具有很大的阐释空间,可惜的是到目前为止还没有引起学界的注意。虽然有个别学者在谈及杨晦的文艺思想史研究的时候会顺便提及,但并未充分展开。杨晦还谈道,在阶级社会里,美的形、质分离了,出现了庸俗化的倾向。这使得不同思想流派对美作出了不同的反应:墨家从实用的角度反对艺术,老子从自然角度反对修饰,儒家主张美的形质统一,法家主张美的实质比外形更重要。这些认识都建立在丰富的文献基础之上,颇有说服力。

关于文艺的起源问题,杨晦谈了两种观点,一是劳动说,一是宗教说。杨晦接受了马克思关于文艺起源于劳动的观点,认为人类的文艺活动和物质生产活动一样都是“创造对象世界”,所不同的是,文艺活动是在人的头脑中进行想象的创造,它满足的是人类精神生活的需要。因此,杨晦对中西方的文艺模仿说持保留意见,他认为模仿是创造的基础,但终究不能代替创造,“把艺术说成是一种创造要比说成是一种模仿高明得多”①。他非常重视战国时期的一部典籍——《世本》,这是司马迁写《史记》时主要依据的材料之一。其中有《作篇》,专门记载了各方面的创造,所谓“作”,就是创造原来没有的东西,其中有相当一部分是关于文艺方面的。关于宗教说,杨晦认为,中国山顶洞人埋葬死人的习俗可能是宗教意识和审美意识相联系的最早线索。而《礼记》中保存了大量关于葬祭的记述,涉及钟鼎、服饰、音乐、诗歌等方面,与文艺的关系很密切。杨晦还谈道,在先秦的典籍中,关于“巫”

①杨晦:《关于中国早期文艺思想的几个问题》,《杨晦文学论集》,第458页。

的记载很多,“巫”是人神的中介,但是更应该看到,“巫”也与“工”相通,许慎《说文解字》在“巫”字下注有“与工同意”,在“工”字下注有“与巫同意”。而“工”与艺术创造关系极为密切①。在原始文艺和原始宗教的关系问题上,杨晦认为人类审美意识有可能比宗教观念更早形成,因此,与其说原始文艺起源于原始宗教,还不如说原始宗教利用原始文艺更好地发挥作用。这些观点有理有据,并非独断论,充分显示了杨晦独立思考、不随大流的理论性格。

杨晦还注意到,在阶级社会中,文艺与政教之间的关系尤为紧密。比如青铜器,已经不再是生活用品,而是“礼器”。诗歌也与劳动关系疏远,成了歌功颂德或传播教化的工具。随着手脑的分离,统治阶级开始否定手的作用,贬低劳动的意义。事实上,即使在阶级社会中,大多数艺术品也是“工”——手工艺劳动者创造的,但统治阶级把工艺和艺术方面的“创”和“作”说成是少数“知者”“圣人”的事情。在艺术创作方面,杨晦认为,创作要表现“意”,但这是抽象的,必须借助“象”,这就是所谓的“意象”,“意象”借助一定的物质材料赋形,就成了“器”。所以,“意”“象”“器”是统一的。但是,到了春秋战国的时候,却出现了“道”与“器”的对立,表现为重“道”轻“器”。此外,杨晦还对先秦时期的音乐理论表示关注。《礼记·乐记》和《吕氏春秋》中保留了比较多的音乐方面的资料。他指出,在古代,音乐往往和政治直接关联,但被解释得比较玄,充满了神异色彩。比如《韩非子·十过》中讲了一个师涓为晋平公鼓琴而导致天下大旱的故事,将音乐的作用过分夸大,认为音乐可以决定兴衰治乱。这是完全不可信的。

在中国早期的文艺当中,杨晦对造型艺术尤为重视。他对九鼎做了一番细致的考辨分析,对造型艺术的创作思想和社会功用给出了令人信服的

①杨晦:《关于中国早期文艺思想的几个问题》,《杨晦文学论集》,第462页。

>>20 世纪 60 年代初与中文系同事摄于颐和园
（前排左一立者为胡经之，左二坐者为杨晦，左三坐者为吕德申，后排左三为邵岳）

解释。在对九鼎进行了简略的考证后，杨晦深入九鼎的记叙中有关造型艺术的理论问题。杨晦认为，九鼎是用九牧的贡金，以据四方风物而绘的图画为蓝本铸成的。其意义不在“鼎”，而在于象物，“鼎”不是作为实用器物，而是作为造型艺术品发挥上层建筑的功能，这体现了“铸鼎象物”的创作思想[①]。杨晦继而分析说，所谓“象物”，就是“通过形象的形式摹拟事物”，中国的文字和绘画都是从象物的基点上发展起来的，就连《周易》的卦象也是

①杨晦：《关于中国早期文艺思想的几个问题》，《杨晦文学论集》，第 472 页。

"象物"的结果。但是,并不能因此认为"铸鼎象物"采取的是现实主义的方法,因为这里的"物"如神、鬼、龙、凤、饕餮等都是幻想的产物,显然不具有物质性和现实性。关于九鼎的社会功用,杨晦作了两种解释,一是通神,二是通政。因为鼎上所象之物,有饕餮等凶恶、怪异的东西,显然不是为了审美,而是为了"使民知神奸"。那么,鼎上之物象何以能通神镇邪呢?杨晦说这与古人对艺术形象的理解有关。在古人看来,塑造艺术形象同时也是对该物的精灵魂魄的摄取,神灵和怪异的形状被铸于鼎上,神灵佑民,怪异也不能作祟了。到晋代,郭璞在《山海经叙》里提出"游魂灵怪,触象而构"的思想,这与"铸鼎象物"一脉相承,而且为南北朝兴起的佛教艺术提供了理论根据。而且,这个时候文艺思想史上对形、神和意、象的理解也与"触象而构"的观念有某种关联。与此同时,"九鼎象物"还可以通过向人们"垂鉴诫"而达到通政的目的。百物都铸于鼎上,神奸昭著,善恶分明,人们自然可以从中得到某些社会政治及道德方面的启示。此后,造型艺术的通神功能在宗教艺术中得到发展;通政的一面,则由儒家加以系统的发挥,对后世产生了重要的影响①。

杨晦对中国早期造型艺术理论的分析阐释很有意义,他为我们理解古代造型艺术提供了一些颇有价值的启示。同时,也为古代造型艺术思想的萌芽演变提供了一些关键的线索。在这篇文章里,杨晦为中国文艺思想史研究做了一次成功的示范。他选取先秦战国时期作为重要的"点",对其中的诗歌、音乐尤其是造型艺术等作了富有意义的探究,并从中理出了有关早期造型艺术创作思想的"线",尽管还不是特别清晰完备,但其价值不可低估。稍显遗憾的是,杨晦这里所依据的均为文字材料,如果有地下考古的实

①杨晦:《关于中国早期文艺思想的几个问题》,《杨晦文学论集》,第465—477页。

物相佐证,那就更有说服力了。

二、北大古代文论学科建设

杨晦在半个世纪前提出的构筑“中国文艺思想史”学科的设想可谓高屋建瓴,它实际上涵盖了哲学、美学、艺术学、文学、文献学、考古学等多种学科的内容,时间跨度达几千年之久,内容广博,体系庞大,确非一时之功。也因此,不仅杨晦生前没有实现这一夙愿,就是他去世之后到现在,这一学科也没有真正建立起来。在杨晦提出这一设想的前后,中国学界先后建立了中国文学批评史、中国文学思想史、中国美学史等学科。这些都为中国文艺思想史的研究提供了重要的理论资源,但不能代替文艺思想史。杨晦曾指出,“文艺思想史要研究的,是人类审美意识的发生和审美意识在各类艺术中的体现和发展,找出其规律性的东西。所以审美意识是文艺思想史研究的核心”①。文艺思想史比文学批评史要高一个层次,视角和范围要广得多。但是同美学史相比,又要低一个层次。美学相当于艺术哲学,是对文学艺术更高的抽象②。中国文艺思想史所涉及的问题非常多,至少包括以下几个方面的内容③:一、中国古代文艺思想发展的基本规律;二、儒家、道家、玄学、佛教等重要哲学、宗教思想流派对中国古代文艺思想发展的影响及其主要特点;三、中国古代文艺思想发展的历史分期以及各个时期的主要特点;四、中国古代一些重要的文艺思想流派的综合研究;五、各个不同文艺部门,如文学(包

---

①郁源:《怀念我的导师杨晦先生》,《杨晦先生纪念集》,第120页。

②郁源:《怀念我的导师杨晦先生》,《杨晦先生纪念集》,第120页。

③此为《中国文艺思想史论丛》编委会为读者撰稿所列的问题提纲,见《中国文艺思想史论丛》(二)编后记,北京大学出版社1985年版。

>> 北大中文系文艺理论进修小组合影
（前排左起依次为：闵开德、吕德申、杨晦、邵岳、张少康、陆颖华）

括诗文、戏曲、小说）、绘画、音乐、书法、园林建筑等，在文艺思想发展上的互相影响、联系与区别。这些问题，每一点都可以写成专著，甚至是若干本专著。杨晦当年设想的学科架构宏大，可见一斑。40 年后，杨晦当年的弟子郁源先生感叹乃师的创新气魄，认为这个构架是“仰之弥高，钻之弥坚”。他说，如果要完成，最好是从一部一部地完成断代文艺思想史入手，将一定时期各个艺术领域的重点连成若干条线，从而构成一定时期呈现的文艺思想的面。最终把各个时期文艺思想的线和面承前启后，连接起来，这样庶几可以构成一部完整的中国文艺思想史①。

然而可喜的是，在杨晦的倡导和带领下，作为中国文艺思想史的重要组成部分——中国古代文论学科却取得了令人瞩目的成绩。原来北大中文系没有中国古代文学理论这一学科，杨晦在担任北大中文系主任之职时，同时兼任文艺理论教研室主任。杨晦认为，要建设有中国特色的马克思主义文学理论，一定要继承和发扬中国古代文学理论的优秀传统。杨晦对传统的中国文学理论批评研究不太满意，他认为，文学理论批评都是在一定的文艺思想指导下产生的，如果仅仅局限在文学理论批评本身展开研究，那很可能是见树不见林，见水而不知源。所以，一定要先研究文艺思想的发展规律及其特点，才能将文学理论批评的研究深入下去②。据杨晦当年的弟子张少康先生回忆，杨晦为了在北大中文系建立古代文论学科，特别提出要培养这方面的青年教师，并指定张少康的师兄邵岳专门研究古代文论。到 1960 年，张少康研究生毕业，被留在北大中文系文艺理论教研室担任杨晦的助教，与邵岳一起在杨晦的指导下专门从事中国古代文学理论批评的教学和研究。

①郁源：《怀念我的导师杨晦先生》，《杨晦先生纪念集》，第 120 页。

②参张少康：《杨晦先生与北大的古代文论学科建设》，《杨晦先生纪念集》，第 85 页。

1959 年，杨晦开设了“中国文艺思想史”课程，他带领青年教师和研究生开始全身心地投入该课程的准备工作，并亲自讲授了导论部分。1960 年，杨晦招收了五名文艺学专业的研究生，分别是吴泰昌、向光灿、毛庆耆、徐汝霖、王怀通。他们做的都是当代文艺理论，但杨晦也要求他们认真学习和研究中国古代文学理论。这一年，杨晦因劳累过度，患上了肺病。因此，古代文论教学的任务就落到了邵岳和张少康两人的肩上。1961 年初，杨晦主持“中国文艺思想史讲座”，这是为 1956 级的学生开设的，请了许多校外专家来讲，杨晦自己也讲授了《礼记·乐记》专题。1962 年，杨晦安排邵岳和张少康两人合作为 1957 级学生开设“中国古代文论选”一课，课程的内容和选文的篇目等内容都是在杨晦的指导下完成的。这一年的夏天，杨晦招收了一届中国文艺思想史方向的研究生，原计划招收两名，最后只招了郁源一个。杨晦对这个学生要求颇为严格。郁源在回忆文章里说，入学不久，杨晦先生就列了一大串专业学习方向必读的书目，共计 92 种，还不包括文艺理论和西方美学史必读书目。所列书目中，大部分都是大部头，如孔颖达的《毛诗正义》、金圣叹批评本《水浒传》和《西厢记》，以及《历代诗话》《历代诗话续编》《清诗话》等。杨晦先生要求学生每本书都撰写读书笔记，定期交他检查①。“文革”期间，杨晦受到批判，他的助手也被下放到各地劳改，古代文论学科的建设被迫终止，邵岳也在 1975 年病故。直到 1978 年，北大的教学科研基本恢复，古代文论学科的建设才重新提到日程上来。杨晦此时已经年近八旬，但仍记挂着学科建设。他曾对张少康说：“我现在精力不济，眼睛也不好，邵岳已经不在了，你一定要把文艺思想史的担子担起来，我们北大在这方面不能落在人家后面。”为了加强学科建设的力量，教研室主任吕德申先生与系领

---

①郁源：《怀念我的导师杨晦先生》，《杨晦先生纪念集》，第 113 页。

导研究决定把陈熙中、卢永璘两位同志调到文艺理论教研室,一起从事古代文论的教学和研究。在杨晦的支持下,吕德申、张少康、刘烜、陈熙中等人一起筹办不定期丛刊《中国文艺思想史论丛》,杨晦担任主编。遗憾的是,丛刊没有出版,杨晦就去世了。该刊总共出了三期,反响很好,当时有人这样评价该刊:"北京大学出版社出版的一套《中国文艺思想史论丛》,就第一辑来看,已显示了它在内容方面和学术方面,较之同类性质的其他丛刊和论集有水准。同时,令人感到可喜的,是它在促进文化交流和学术自由讨论的程度上,有较大的灵活性。"①遗憾的是后因为经济原因不得不停办。

20 世纪 80 年代以来,北大中文系文艺理论教研室一直按照杨晦的指导思想来努力建设古代文论学科,开设了此前北大没有的"中国文学批评史"基础课,后来又开了"文心雕龙研究""中国古代的诗画乐论""书法理论研究""中国古代文学创作论"等十多门选修课。同时,北大中文系文艺理论教研室编写了中国文学理论批评史教材以及配套的《中国历代文论精品》;出版了十多种古代文论方面的学术专著,在国内外产生了较大的影响;培养了一大批古代文论专业的硕士和博士,赢得了学术界和教育界同行的充分肯定②。我们不应忘记的是,北大中文系的古代文论学科建设能够取得今天的成绩,杨晦可谓功不可没。

三、元曲研究

杨晦生前有两个愿望:一是建立"中国文艺思想史"学科,写成《中国文

①王珊:《有份量的论丛》,原载《读者良友》第 2 卷第 6 期,见《中国文艺思想史论丛》(二)封底《书评摘录》,北京大学出版社 1985 年版。

②张少康:《杨晦先生与北大的古代文论学科建设》,《杨晦先生纪念集》,第 88 页。

艺思想史》专著。二是对元曲进行深入研究,写成《元曲论》。后一个计划实际上可以看作前一个计划的一部分,对元代戏曲进行研究是元代文艺思想史研究中一个必不可少的步骤。再加上杨晦尤为钟情戏剧,所以他在后期对元曲用力颇勤,这也是其学术转向的一方面。

杨晦留给我们的是两篇关于关汉卿的重要长篇论文。1958 年,正值元代剧作家关汉卿诞辰七百周年,杨晦围绕关汉卿作品的思想和艺术成就以及《西厢记》的作者等问题进行深入研究,连续撰写了《论关汉卿》《再论关汉卿》两篇学术论文,分别发表于《文学研究》1958 年第 2 期和《北京大学学报》(人文科学版)1958 年第 3 期。当时,报刊上也发表了许多研究或纪念关汉卿的文章,杨晦的文章特别引人注目。在《论关汉卿》这篇长达两万多字的文章里,杨晦通过对现有材料的考证辨析,将关汉卿的身世和经历与他所处的时代社会紧密联系起来,纠正了时下学界的一些错误的论断。同时,在关汉卿众多的作品中拈出《蝴蝶梦》一剧,通过与关作《陈母教子》的比较分析,深入挖掘该剧作的思想内容和艺术价值,提出了一些独到的学术见解。紧接着,杨晦又撰写了《再论关汉卿》,在这篇文章里,杨晦试图解决一个学术界聚讼纷纭的问题,即《西厢记》的作者到底是谁。杨晦通过对大量文献资料的考证辨析,倾向于认为《西厢记》的作者是关汉卿,而不是王实甫。杨晦的分析有理有据,论证充分,读来颇有说服力,为我们理解《西厢记》以及关汉卿提供了一个全新的视角。

在《论关汉卿》中,杨晦表示了他对现存一些相关资料的忧虑,认为其中的真伪问题会使得我们对关汉卿的身世、生活、思想及其作品的成就产生误解,甚至是歪曲。杨晦辨析了几则关于关汉卿的小材料,指出其中的舛误之处。实际上,目前“关于关汉卿这样一个大作家,可供研究参考的材料太少了，而且，也不完全足为依据”[①]。杨晦说，学界一些研究者钻进了版本和资料的问题里，在其中打转转，被考据捆住了手脚；又有些人空谈理论，未能深入到关汉卿的作品之中。此外，针对关汉卿的身世，杨晦认为，依照元人钟嗣成的《录鬼簿》，关汉卿活到了元成宗元贞大德时期，是当时颇负盛名的大作家，堪为“驱梨园领袖，总编修师首，捻杂剧班头”的剧坛领袖。但是，学界仍有些人对关汉卿的身世有些怀疑，认为他是“金之遗民”。杨晦对此观点展开了批驳。时人持此观点有两个来源，一是元末明初诗人杨维桢的元宫词：“开国遗音乐府传，白翎飞上十三弦。大金优谏关卿在，伊尹扶汤进剧编。”诗中把关汉卿说成是“大金优谏”。杨晦认为，不应该把杨维桢对元朝的颂歌看作史料，况且杨维桢这个人作诗非常刻薄。对于这样一个“诗品卑下得令人鄙弃”的诗人，杨晦当然不会把他的诗当成史料看待。他说，杨维桢派给关汉卿一个“大金优谏”的脚色，“这实在是伤天害理的曲笔”，是“欲作奴隶而不可得的一种奴隶心理”的表现[②]。另一则材料是郝经的《青楼集序》，其中有言：“我皇元初并海宇，而金之遗民，若杜散人、白兰谷、关已斋辈，皆不屑仕进，乃嘲风弄月留连光景。”关已斋即是关汉卿，王国维对关汉卿为“金之遗民”也表示赞同。杨晦说，这可能与王国维是清室遗民有关。他认为，我们研究元曲和关汉卿，就一定要破除对王国维的迷信。这充分显示了杨晦不迷信学术权威，敢于坚持真理的科学态度与学术品格。

在关剧中，杨晦对不大为人重视的《蝴蝶梦》颇为关注。他说：“这在关汉卿的作品中，是很重要的，最能帮助读者了解他的思想，他的思想发展和他的戏曲艺术的复杂性，所以能那样地深入人心。”[③]《蝴蝶梦》写的是关汉卿

---

①杨晦：《论关汉卿》，《杨晦文学论集》，第 319 页。
②杨晦：《论关汉卿》，《杨晦文学论集》，第 322 页。
③杨晦：《论关汉卿》，《杨晦文学论集》，第 329 页。

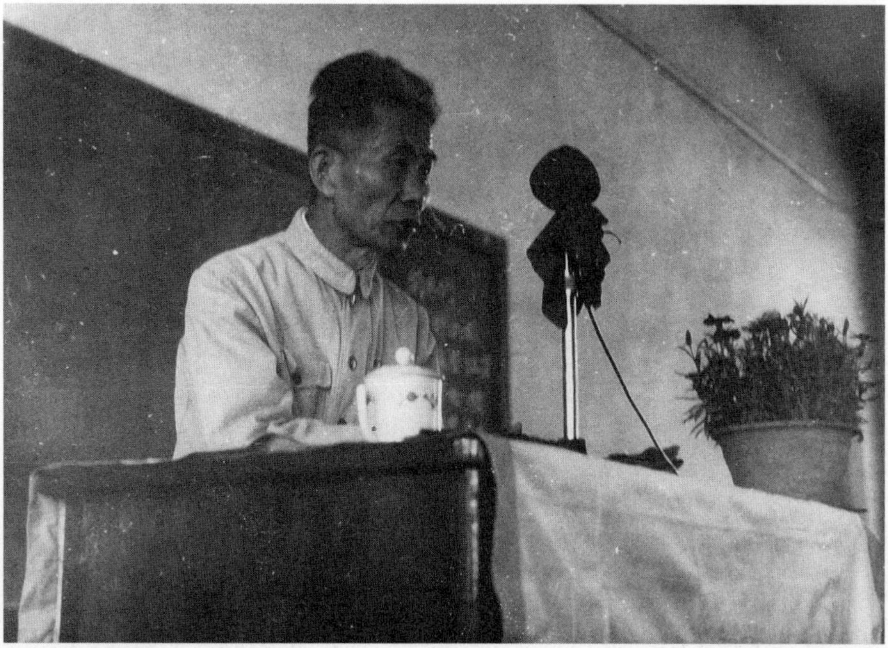
>>1959 年在内蒙古大学讲学

那个时代下层人民依靠读书求取功名的价值理想破灭的故事。杨晦分析说,剧中,王三是以丑角的姿态出现的,然而,王三却在第三折的“尾曲”唱起来,这打破了戏曲的规律。但是,作者正是通过这个丑角吐露了作者的真正“命意”,亦即读书人企图以科举进身的理想的破灭。杨晦还注意到,如果把读者最不欢迎的关剧《陈母教子》连起来读,我们就能更清楚地看到作者的用意了。《陈母教子》里涉及的是读书人在封建社会的正统出身问题,但是有些理想化的色彩,一家三个儿子外加女婿一并高中状元,而且各个孝顺,确实少有。这也是该剧为后人所诟病的原因所在。杨晦却说,该剧在关剧中具有“重大意义”,“从《陈母教子》到《蝴蝶梦》,这是关汉卿的一个进展,或者说是一个转折”。在“这两种剧本里，写出了两条道路的对比”[①]。杨晦认为，关汉卿似乎是有意用《蝴蝶梦》来批判《陈母教子》，并且强有力地指出：这个社会走陈家母子的道路是行不通的，而且会演出惨剧。关汉卿通过石和这个丑角唱出了他的思想感情。通过杨晦的分析，我们可以看到一个完整、丰满而鲜活的剧作家形象。

或许是觉得关汉卿还有许多问题没有真正搞清楚，杨晦紧接着又写了一篇题为《再论关汉卿》的文章，这篇文章篇幅更长，将近4万字。杨晦试图通过这篇文章解决《西厢记》的作者问题，其最终的结论是《西厢记》的作者是关汉卿，不是王实甫。在文章里，杨晦采用了他一贯的做法，即“知人论世”。对于关汉卿，他抓住乾隆二十年新修的《祁州志》里一则材料，其中记载说关汉卿是祁州人，而且具体是“祁之伍仁村人”，并说关汉卿“高才博学而艰于遇，因取《会真记》作《西厢》以寄愤”。杨晦认为，“寄愤”一说不同于历来对于《西厢记》的理解，然而却符合我们现在所读到的《西厢记》五本的主题内容。从这条材料里，杨晦断定：“《西厢记》是关汉卿的晚年之作。”[②]杨晦说：“这条材料的所以有价值，是因为它说明了关汉卿的身世，通过了他的身世说明了关汉卿的创作跟他的思想感情的联系。这条材料的所以有价值，是因为它说明了《西厢记》的作者是关汉卿，而且说明了关汉卿的所以写《西厢记》是寄愤。这个‘寄愤’，实在最能说明《西厢记》的价值。”[③]在杨晦看来，《西厢记》不能像时下流行的观点那样被看作纯粹的男女爱情故事，事实上，剧中“对这一双恋人是有所批评的，而且有深刻的分析与鞭策之处”。因此，如果仅仅从情与辞两个方面来认识《西厢记》，那是非常简单化、片面

①杨晦：《论关汉卿》，《杨晦文学论集》，第338页。
②杨晦：《再论关汉卿——关汉卿与〈西厢记〉问题》，《杨晦文学论集》，第350页。
③杨晦：《再论关汉卿——关汉卿与〈西厢记〉问题》，《杨晦文学论集》，第353—354页。

>>20 世纪 60 年代初与家人和同事荡舟颐和园昆明湖上(船尾抱小孩者为杨晦)

的做法。杨晦考证后得知,在元人中流行一种说法:把《西厢记》叫作《春秋》,而明人的记载里就有“关氏春秋”的说法,杨晦推断这个“关氏春秋”很可能就是《西厢记》。

杨晦考证,元人钟嗣成的《录鬼簿》把《崔莺莺待月西厢记》写在王实甫的名下,而且明代宁献王朱权又在《太和正音谱》里把五本《西厢记》皆归于王实甫。而关汉卿的名下没有《西厢记》的影子。但是,在明代隆庆、万历以前刻的《西厢记》又称此为关汉卿所作。后有人称《西厢记》是王作关续,但没有根据。然而,此前却盛行关作王补或关作王续的说法。而且在《雍熙乐府》卷十九里,有一则材料是嘲讽王实甫的:“王家好忙,沽名钓誉,续短添长;别人肉贴在你腮上,卖狗悬羊。你没有朱文公的肚肠,他没有程夫子的行藏。忒狂荡,用心了一场,上不得庙和堂。”杨晦认为,这则材料至少可以反证《西厢记》属王作或王作关续的说法并不牢靠①。

杨晦也注意到，对于王实甫的生平身世，可以取信的材料也并不比关汉卿多。所以，只好采取“以文论人”的办法去揣摩王实甫的为人。杨晦选中了他保留下来的最完整的杂剧《丽春堂》。该剧写的是金人的故事，王实甫站在金人的立场为金人唱赞歌。最不能让杨晦容忍的是，王实甫竟然让剧中的“四丞相”以一个征服者的口吻说出“我也不让楚三闾”的话来。杨晦说：“我们的诗人屈原，却被王实甫给这样糟蹋起来！王实甫做为一个作家，实在只是千百人中很差劲的那一流，怎能跟我们的伟大作家关汉卿比长短？”②或许是因为这一点，杨晦总结说，写《丽春堂》这样杂剧的王实甫，与现存五本的《西厢记》很不相类，之所以与王实甫的名字连在一起，很可能是另有缘故。也就是说，以王实甫的水平和品格，不可能写出被誉为元杂剧“绝唱”的《西厢记》来，因为，王实甫现存的作品是最好的证明。

接下来，杨晦就从《西厢记》的结构形式、语言特色、艺术风格、思想内容等方面来论证这就是关汉卿晚年的作品。杨晦认为，《西厢记》在结构形式上是一次重大的改革，杂剧一般限于四折，五折很少。但是《西厢记》突破了这个限制，五本联成一个整体，既能够使得剧情充分展开，又不显得冗长。而且，如果把《西厢记》的形式改革与关汉卿的南游杭州结合起来可能更容易理解。关游杭州，受到了南戏的影响，改造了杂剧的形式，《西厢记》就是这种改革的成果。因此，杨晦说，也只有关汉卿这个有着五六十年艺术生活，有六七十本杂剧的伟大作家才能完成对杂剧形式的成熟运用，《西厢记》应该归为关汉卿。最后，杨晦进一步回到元代异族统治压迫的时代背景下

①杨晦：《再论关汉卿——关汉卿与〈西厢记〉问题》，《杨晦文学论集》，第 351—353 页。
②杨晦：《再论关汉卿——关汉卿与〈西厢记〉问题》，《杨晦文学论集》，第 371 页。

分析《西厢记》的思想内容。他不赞同一些专家学者一味地粉饰渲染《西厢记》的崔张爱情，认为这完全违背了关汉卿的苦心孤诣："他所以甘于偶倡优而不辞的，也只是想借戏曲这一酒杯，浇浇生活中的垒块，所谓'意有所郁结，不得通其道'的时候，就把古往今来的人物，搬上舞台，在这些人物的生活和斗争里，提出问题。"[①]杨晦特别拈出其中的配角惠明来，认为这是一个草莽英雄，能够敢于同异族敌人作斗争的爱国英雄。而张生却是一个"私心滔滔""乘人之危""淫欲贪婪"的丑恶形象，而根本就不是五四以后被人所称颂的反封建的战士。因此，《西厢记》实际上是以春秋笔法来批判张生之流，颂扬惠明、红娘等人的敢于担当、不怕牺牲的斗争精神。所以，有人说《西厢记》是反礼教、反封建婚姻，这与实际情况不符合，是对它的一种误读。

杨晦的论述建立在丰富的文献资料的基础之上，而且思维缜密，逻辑性强，特别是对于《西厢记》思想内容的阐释，让我们耳目一新。杨晦在文章开始的时候所定的目标只是"把这个问题提出来"，或者"重新估定一下"《西厢记》的价值，突破以往"爱好者、倾倒者的框子"[②]。到最后，他却非常肯定地说关汉卿写成了五本的《西厢记》[③]。可见，他对这个问题的看法已经渐趋明朗化了。

杨晦的元曲研究成果主要就是这两篇关于关汉卿的文章，写这两篇文章的时候，杨晦已经快六十了，精力颇为不济。加上他在北大中文系的行政事务上耗费了大量的时间和心血，一时无暇顾及周全。而且，杨晦是一个写文章非常谨慎的人，一般不轻易动笔，尤其强调积累。所以，这也影响到了他出学术成果的势头。更重要的原因是，接连不断的政治斗争，使得杨晦根

---

①杨晦：《再论关汉卿——关汉卿与〈西厢记〉问题》，《杨晦文学论集》，第 383 页。
②杨晦：《再论关汉卿——关汉卿与〈西厢记〉问题》，《杨晦文学论集》，第 346 页。
③杨晦：《再论关汉卿——关汉卿与〈西厢记〉问题》，《杨晦文学论集》，第 397 页。

本无法从事正常的学术研究。也因此,杨晦的元曲研究刚刚开了一个头,就被迫中止了,他的《元曲论》也没有写出来,无论是对杨晦本人,还是对中国学术界而言,这都是一个不小的遗憾。

第九章　滋兰树蕙

一、独立坚执的育人理念

20 世纪 50 年代前半期，大概是“文革”前最安定的时期，也是知识分子对国家和社会充满了美好憧憬的黄金时段。所以，这个时候，许多步入大学校门的年轻学子都有一种以天下为己任的豪迈气概，特别是中文系的学生，他们对文学寄予了无限的热情，很多人都是带着作家梦来到学校的。但是，这种梦想到了北大之后不久就破灭了，而打破这个梦想的人，就是杨晦。1955 年 9 月初，北大中文系又迎来了一届朝气蓬勃的青年学子，按照中文系的惯例，要在入学后不久召开迎新会，中文系领导要讲话。大家都在北大文史楼前等待仰慕已久的中文系主任杨晦先生。这时候，一位身穿灰色中山装的小老头来到文史楼前的台阶上，清癯的脸，有些花白的头发短而直挺，双目慈祥而且有神。有人说，他就是杨晦。这与大家想象中的那位五四运动闯将、著名的作家、北大中文系一级教授相去甚远。杨晦的讲话很随意，几乎是漫谈。他说今年报考北大的学生非常多,光上海就有上千人,这一届学生素质也特别好,优于以往各届。他强调在大学学习主要是打基础,多读书,认真听课。针对很多学生存在当作家的梦想,杨晦义正词严地说:北大中文系不培养作家,想当作家的不要到这里来,世界上还没有哪一所学校是专门培养作家的,因为作家要有深刻的生活体验作为创作源泉,古往今来大作家很少是大学培养的。因此,北大中文系要培养的是研究文学的专家学者,而不能把培养作家作为目标。杨晦还举了自己的例子,他五四时期刚进北大,也想当作家,写过一些剧本,但是后来主要的职业是教书。杨晦的话像是泼了一盆冷水,让许多幻想将来当作家的中文系新生一下子凉了半截。这样的话,也只有资格老、学问大、地位高的系主任杨晦才能说,而且说了之后会在大家心里产生一定的影响。

事实上,杨晦自担任系主任以来,每年的迎新致辞都会强调这一点。1954 年秋,著名作家刘绍棠考入北大中文系,入学以后被分配到文学专业。杨晦曾经专门找刘绍棠到家中谈话,杨晦告诫刘绍棠说,尽管你现在小有名气,发表了不少小说,但是还只能算是小作家;如果要取得更大的成就,还必须同时是一个学者,古今中外的大作家没有一个不是学识渊博的。杨晦希望他安心学习,为将来取得更大成就打下坚实的学识基础[①]。但后来刘绍棠还是走了,他由团中央保送到中国作家协会主办的文学研究所学习。得知这一消息后,杨晦很生气,把刘绍棠叫到家里当面批评了他,说他不听话。事实上,刘绍棠离开北大是不奇怪的,早在1951年,刚满15岁的刘绍棠写出了他初露头角的小说《红花》。刘绍棠由此获得团中央的重点培养,便与当时主持团中央工作的胡耀邦有了密切联系。经胡耀邦及团中央批准,刘绍棠从1956年4月起专事创作,不拿工资,全靠稿酬生活[②]。这个时候,杨晦担任北大副教务长,为了给刘绍棠一个机会,最后北大教务处特意在刘绍棠的退学证明上注明了保留回北大的资格,这事很可能是杨晦从中帮忙。后来,在1956年春天召开的全国青年创作会议上,刘绍棠带头发言,对文艺界存在的问题发表了一通意见。刘绍棠的言论遭到了郭沫若、茅盾、周扬等文艺界领导的严厉批判。"反右"斗争开始后,年仅21岁的刘绍棠,便成了"代表共和国成立后成长起来的青年作家反党典型",戴上了三类"右派分子"的帽子,胡耀邦后来说他问题就出在自己太骄傲了[③]。可能是对刘绍棠太过失望,1957年10月,杨晦在对刘绍棠的批判大会上也发了言,事后他有些自责,直到1979年他还把这个事情记在心上。这一年是全国第四次文代会,刘绍棠和杨晦作为北京作家团的代表参加,刘绍棠来看杨晦,一进门,刘绍棠说:"先生,我是绍棠。"杨晦非常激动,握着刘绍棠的手说:"1957年我在大会上批判你,很对不住你。"刘绍棠很受震动,赶忙说:"先生,您主要是批判

①见刘绍棠:《忆杨晦先生》,《杨晦先生纪念集》,第222页。

②参李永军:《胡耀邦与刘绍棠:"不请不来、请也不来"的一次谈话》,《党史博采》(纪实)2007年第12期。

③参李永军:《胡耀邦与刘绍棠:"不请不来、请也不来"的一次谈话》,《党史博采》(纪实)2007年第12期。

>>1979 年冬与参加第四次文代会的中文系同事及原中文系学生合影(前排左起:林庚、吴祖缃、杨晦、王力、王瑶,后排左起:谢冕、段宝林、刘绍棠、费振刚、宋士杰、赖林嵩)

我不听话,当时我也有错误。"①事实证明,杨晦当年的告诫是正确的,北大中文系五五级学生中,后来成为作家的只是极个别的,但是成为文学研究专家的却有很多人。

正因为北大中文系不把培养作家当作教育目标,而是要培养出知识结构全面、具有理论创新能力的学者。所以,北大中文系强调不论哪个专业的学生一定要同时学习语言和文学两类课程。据五五级中文系的学生谭家健

①刘绍棠:《忆杨晦先生》,《杨晦先生纪念集》,第 223 页。

回忆,1956年,北大中文系将把语言文学专业分为文学与语言两个“专门化”,除了共同课程之外,各“专门化”另有不同的选修课。中文系要求填报志愿,选择专业,并对选修课提出建议。这时,大家议论纷纷,多数人认为语言专业太枯燥,不愿学习,但是又担心系里硬性分配过去。为了稳定学生的情绪,端正大家的认识,杨晦给五五级的学生做了一次座谈。杨晦说,分“专门化”是为了有针对性地因材施教,有目的地培养语言和文学两方面的专门人才。现代科学分工越来越细,大学中文系分语言与文学两个教研室,中国社会科学院也设有语言研究所和文学研究所。北大为了向科研单位和高等学校输送合格人才,分“专门化”是非常必要的,但这只是相对而言。我们的培养目标是通才与专才两相结合,但是本科阶段应该是以通才为主。接着,他具体解释了某些课程的必要性:如果不懂音韵学,就掌握不了古代诗词格律,领会不了诗歌韵律之美;不学习一点文字学,就不可能真正懂得欣赏书法艺术。反过来,文学课程对于学语言的人来说也是必不可少的,比如李白的诗歌、《红楼梦》的白话,正是研究古代汉语的基本材料。最后他还特别指出,大学阶段要打好基础,拓宽知识面,不要光凭兴趣学习。将来到了工作的时候,才会真正明白这些课程不白学①。

尽管杨晦苦口婆心,但是学生未必真的从心里接受下来了,尤其是文学专业的学生,想到还要学习许多语言课程,对文学研究没有多大用处,所以强烈要求削减语言学课程。也许是杨晦讲得太多了,这些年轻人的心中产生了一种逆反心理,只要一有机会,就会流露出来。据五五级学生张毓茂等人回忆,1957年“反右派”斗争前,是党的整风运动,号召大家大鸣大放,要大家给党的工作和党的领导提意见。到1959年4、5月间,北大掀起了教改高

①谭家健:《冬日夏日皆可亲——记杨晦教授的几次教诲》,《杨晦先生纪念集》,第265页。

潮,大家纷纷写大字报。在这种形势下不少同学也想给杨先生提意见。因为杨晦在谈到语言和文学之间的关系的时候,最喜欢引用高尔基的那句话:“语言和文学有机联系。”在同学们的怂恿下,张毓茂便画了一张漫画。画上一个瘦骨伶仃、戴着高度近视眼镜的青年学生、背上压着高高的两大摞书。一摞书上写着“语言”,另一摞书上写着“文学”。在两摞书中间是一只大公鸡。一只鸡爪踩在“语言”上,另一只爪踏在“文学”上,公鸡仰着头张嘴大叫:“语言和文学有‘鸡’联系。”把“机”换成“鸡”,意思很清楚,是嘲笑杨晦爱引用的“语言和文学有机联系”的话。画成之后,许多同学争着签上名,并贴在文史楼的门口。事后,担任中文系秘书的郭锡良见到杨晦讲起了这件事情,杨晦听了很生气地说:“语言、文学不是有机联系吗?学文学不学语言课行吗?”郭锡良哑口无言,半天才说:“我不是赞成它的观点,只是觉得画得引人发笑。”杨晦仍然很严肃:“什么事都要分清是非。”[①]可见,杨晦是把这件事情当作大是大非的原则问题来对待的,他决不会轻易让步,但他也绝不会心存芥蒂,伺机泄愤。杨晦对学生是非常爱护的。这件事发生后,紧接着就展开急风暴雨的“反右派”斗争。北大中文系的很多教师和学生由于前一阶段提意见而被划为“右派分子”。这件事的当事人张毓茂自然是很紧张的。后来他听说,杨晦先生对此并没有计较,完全视为年轻人的瞎胡闹,压根就没有追究这张漫画是什么人搞的,一笑置之了。张毓茂非常感激杨晦,他说,如果没有杨先生的宽仁厚德,仅此一事,把他划为“右派分子”是绰绰有余的。

从杨晦的身上,可以看到北大那种既坚持个性独立,崇尚创新,同时又宽容、大气,追求自由的精神气度。

---

①郭锡良:《学习杨晦先生坚持原则的精神》,《杨晦先生纪念集》,第217页。

二、踏实求真的治学态度

杨晦始终坚持强调做学问要踏踏实实，首先要把基础打扎实，不要着急写文章发表。当时北大中文系许多学生非常羡慕在《红楼梦》研究批判中一炮打响的李希凡、蓝翎，认为他们思维活跃，眼光敏锐，善于发现问题，敢于提出问题。南方有上海的姚文元，写了很多批判性的文章，棒子乱挥。李希凡、姚文元这两个人在当时的文艺界非常走红，号称“南姚北李”。杨晦对这种学风的态度非常明确，他说：“搞学问不能学李希凡、姚文元，不要像他们那样东放一枪，西放一枪，就算参加了战斗。”①言下之意是说，李、姚太浮躁了，并不是真正做学问的样子。杨晦曾经直言不讳地说：“北京大学中文系决不培养姚文元那样的批评家。”“姚文元的文章看一篇似乎有气势，如果编成全集，删去一半，还会感到重复处很多。”②尽管杨晦反复告诫自己的学生不要跟风，要潜下心来做学问，但是他根本左右不了政治掌控下的学术。

1958 年，为了配合“大跃进”运动，响应思想文化战线上“拔白旗、插红旗”的号召，北大中文系五五级有人提议用学生集体编书的方式创造学术的“大跃进”，以显示“无产阶级”有能力剥夺“资产阶级”的学术专利。这个提议很快得到了年级和系党组织的支持，他们集全年级学生的力量，利用一个暑假的时间集体编写了一部 70 多万字的《中国文学史》。因为封面是红色的，所以也被称为“红色文学史”。这部“红色文学史”在当时引起了极大的

①严家炎：《在我记忆中的慧修师》，《杨晦先生纪念集》，第 184 页。
②刘烜：《杨晦先生教我读书》，《杨晦先生纪念集》，第 236 页。

>>20 世纪 50 年代初摄于北京

轰动,编写者代表还受到了中央领导的接见。时隔 40 年后,前一任北大党委书记王学珍在谈到 20 世纪 50 年代北大的科研成就时说:理科是胰岛素的合成,文科就是中文系五五级集体编写的“红色文学史”了。这部文学史为了和一切资产阶级的文学史画清界线,提出了“革命”的文学史观,即“民间文学是中国文学的正统”和中国文学史上始终贯穿着“现实主义和反现实主义的斗争”,而且还要在书中点名批判“资产阶级专家”,包括自己的老师[①]。

所谓“现实主义和反现实主义的斗争”的观点,首创者是茅盾。1956 年 9 月,《人民文学》发表了何直(即秦兆阳)的《现实主义——广阔的路》,结果

①参黄修己:《“红色文学史”五十年祭》,《炎黄春秋》2009 年第 1 期,第 73—76 页。

引发了文艺界关于现实主义创作方法的激烈辩论。茅盾写了长篇文章《夜读偶记》参与这场大辩论。在《夜读偶记》里，茅盾把“现实主义与反现实主义的斗争”当作主线来描述中国文学发展的一般规律，他运用这种二元对立的思维模式，把博大深厚的中国文学发展史简约为现实主义与反现实主义的斗争史。“红色文学史”就是在这种理论语境下编写出来的。按说，这部集体著作受到如此高的评价，而且还有理论权威作为依据，杨晦应该感到高兴才是。但是，杨晦不畏权威，坚持真理，他不但没有表扬五五级的学生，而且还组织中文系文艺理论教研室的青年教师对这一观点进行批驳，他的学生邵岳、张钟、胡经之、王世德等根据杨晦的讲课笔记整理出了专题文章——《关于现实主义与反现实主义问题论纲》，并提交给 1959 年 5 月举行的北大中文系五四科学讨论会，让大家一起来讨论学习，以纠正这一观点的偏颇和错误①。

尽管“红色文学史”影响很大，但还是引起了当时理论权威的批评。所以这部书出版不到一年，就要进行改写，要将 70 万字的红皮本修订成 120 万字的黄皮本。据陈铁民先生回忆，当时他负责先秦两汉编写组的统稿工作，每改完一章，他都要先送到游国恩的家中，再送到杨晦的家里，请他们审阅并提出修改意见。杨晦看稿子很认真，遇到错别字和标点符号的问题都不会放过，提出来的意见尖锐而直接。因为稿子已经由游国恩先生看过，上面写了游国恩的意见。杨晦特别叮嘱陈铁民说，游先生的意见提得很好，他是这方面的专家，要尊重游先生的意见。在这个时候，杨晦说这番话是别有深意的。游国恩在 1958 年“拔白旗、插红旗”的运动中被看作“资产阶级学术专家”，而杨晦是党内的资深教授，但是杨晦能够超越阶级和政治的偏见，站

①杨晦有关现实主义的观点可参考本书第七章第四小节。

在公正客观的立场说话，这在那个特定的年代是相当不容易的。

三、“勤、谨、和、缓”的问学之道

20 世纪 50 年代初，胡适在台湾大学为学生做演讲时提出做学问要养成“勤、谨、和、缓”的良好习惯。所谓“勤”就是不躲懒、不偷懒，为了求证并解决问题，首先要“上穷碧落下黄泉，动手动脚找东西”（傅斯年语）。“谨”就是对学问保持恭敬之心，不苟且，不潦草从事，亦即胡适所说的“小心求证”的意思。“和”是就做学问的心态来说的，其意谓做学问要和平、虚心，不武断、不固执己见，更不要动火气。所谓“缓”是指在证据材料不足的时候，不要轻易下结论并发表，应该先搁置一段时间，等材料很齐全、论证充分的时候再定。胡适的“勤、谨、和、缓”说虽是就考据来说的，但可以归结为所有学科门类的治学之道。杨晦的治学精神也可以用这四个字来概括，他不仅对自己是这样，而且也要求学生做到。

1962 年，因为学科建设的需要，杨晦开始招收“中国文艺思想史”方向的研究生。本打算招两名，后来只招了郁源一人。郁源刚入师门，想给老师留下一个好的印象，便夜以继日地读书写作，耗时一月余，终于写出来一篇关于《礼记·乐记》的读书报告，题为《论〈乐记〉音乐思想的两个理论体系》。因为当时几乎没有人从艺术理论和美学思想的角度来研究《乐记》，郁源对自己的这篇文章还是感觉良好的。谁知老师杨晦看到稿子之后，只是微微点头，并未置一词，这使得郁源颇感失望。但他也不敢问，只好继续按照老师的要求一本一本地往下读，并且一本本地写读书笔记。而这篇文章一压就是三年，临到毕业时，郁源到杨晦家告别，杨晦才从抽屉中拿出那篇稿子，归还给他，至于为什么要这样处理，杨晦最后没有说。郁源心里有些困惑。

后来从同学那里得知，这篇文章本来是有机会发表的，杨晦另一个学生正主编一个刊物，想带走这篇文章，但杨晦没有同意，理由是担心他过早发表文章，会使得他没有心思读书。杨晦确实是用心良苦啊。

他为郁源列了一个非常长的书单，其中大部分都是古籍或者理论原典，杨晦要求他每读一本书都必须写读书笔记，并提出问题，而且按时交给他检阅，他再进行解答。大概是觉得郁源的基础还不错，读书也勤奋，在接下来的时间里，杨晦不断地加码，逼着郁源读了不少书。他说，人的大脑就像是仓库，平时读书，吸收知识，就像是往仓库里进货，进的货越多，越丰富，到时候用起来就越方便。年轻的时候，吸收知识快，这正是往仓库进货的好时机。郁源能够领会老师对他的良苦用心，在入学后一年半的时间里，郁源基本上读完了杨晦为他列的 90 多种重要典籍，写了 22 本读书札记。事实证明，这番苦功下得非常必要而且及时。从 1964 年夏天开始，学生开始下乡搞“四清”，接着就是“文革”。十几年后，郁源在高校中文系执教，内心非常感谢杨晦当年对他近乎苛刻的严格要求，这段时期的苦读为后来的教学研究打下了坚实的基础。郁源在短时间内发表了一系列的学术论文，并且出版了高水平的专著①。

刘烜还在回忆文章里讲了一段他向杨晦问学的经历②。1960 年，刘烜从北京大学中文系毕业，并留校在文艺理论教研室工作。这个时候，杨晦由于劳累过度，患有肺病。但是他提出要指导青年教师，目的是为了重振被“大跃进”搞坏了的学风。刘烜那时指导大学生写毕业论文，选题是关于《水浒》方面的，刘烜带领学生一起到杨晦的家中求教。杨晦先就写论文的一般程

---

①郁源：《怀念我的导师杨晦先生》，《杨晦先生纪念集》，第 112—115 页。

②刘烜：《杨晦先生教我读书》，《杨晦先生纪念集》，第 230—235 页。

序和要注意的问题作了简单说明，本科生走后，刘烜继续与杨晦讨论。不料杨晦突然问："我想问你：这部《水浒》你什么时候读的？用了多少时间？"刘烜随口说："小时候看的，记不起花了多少时间了。"杨晦却认真追问："小时候看的有小时候的体会，你最近是什么时候看的呢？"看到刘烜有点紧张了，杨晦转而关切地说："当着你的学生，我不好问。现在我想问你一下，《水浒》里的字你认识了吗？"刘烜有点窘迫了，不好意思地说："没有把握。"好在杨晦没有再往下追问，改成了嘱咐的口吻："你当了老师，和学生的要求就不一样了。要是学生问你，刘老师这个字念什么，你又如何回答呢？"接着，杨晦要刘烜谈一下《水浒》的研究现状、选题范围和辅导的设想，杨晦听完后严肃地说："你看是不是有点奇怪，书都没有仔细读，这些分析又是从哪里来的呢？所谓研究，其实很简单。总要先看书，有自己的体会，再看能不能写成文章，这是常识，也最不容易做到。"一席话说得刘烜无言以对。最后，杨晦斩钉截铁地说："重新开始吧。你先看一下《水浒》，一回一回看，一个字一个字地看，写点体会，我们再一起讨论。不能急，慢慢看。看论文要快些把握住主要论点，看小说要慢，慢慢回味，经常是反复回味。"回去之后，刘烜按照杨晦的要求认真细读《水浒》，并写了几万字的读书笔记，杨晦看了之后很高兴，但对其中的某些观点仍然不是很满意。

杨晦对待学生的严格是出了名的。这种严格来自他对学术的敬畏，来自他对学生的一片拳拳爱心。正是这种严格的要求，从杨晦的门下成就了一大批出类拔萃的学术人才。在杨晦的悉心教诲和指导下，这些人很快成长起来，并成为20世纪后半叶中国学术界的中流砥柱，如胡经之、严家炎、张少康、郁源、董学文、袁行霈、费振刚、刘烜、吴泰昌、毛庆耆、陈铁民、郭锡良、段宝林、蔡厚示、张炯等，都直接或间接受到过杨晦的教导。

>> 北大中文系五七届毕业生与老师合影

（前排左一为乐黛云，自左三起依次为：吴组缃、高明凯、王力、杨晦、游国恩、魏建功、林庚、陈贻焮）

>>1982 年夏与吕德申及文艺理论研究生合影
（前排左一为吕德申，左二为杨晦。后排左起依次为：董学文、郭建模、杨星映、曾镇南）

与同时代其他著名的理论家如朱光潜、宗白华等人相比，杨晦一生的著述并不算很多。特别是在他中年后，这正是他学术成熟的时期，但他却滞笔，写得很少。杨晦当年的研究生吴泰昌这样说："杨晦虽然在现代文坛上是一位老人，一位有贡献的令人尊敬的学者兼作家、评论家，但他毕竟不是举世闻名的大作家大批评家，更不是命运亨通的走运人。他寂寞了多年。"①但是，失之东隅，收之桑榆。杨晦虽然未能在学术上做出更大的成就，但他为国家和人民培养了一大批优秀人才，可谓桃李满天下。为此，杨晦自己也

①吴泰昌编：《杨晦选集》后记，上海文艺出版社 1987 年版，第 541 页。

感到比较欣慰。据吴泰昌回忆,他晚年的时候,时常坐在书桌的转椅前,对来看望他的学生说:“我这一辈子,没有留下什么著作,若说也做了点事,那就在你们身上了。”[①]事实上,虽然杨晦笔下沉默了,但他并不寂寞。从50年代初来北大,到1983年逝世,杨晦在这里默默耕耘奉献了30多个春秋,他用另一种形式谱写了平凡而伟大的生命乐章。

①吴泰昌编:《杨晦选集》后记,上海文艺出版社1987年版,第539页。

第十章 寂寞苦行

一、鲁迅的遗风

杨晦是鲁迅的学生，曾受过鲁迅的扶植和教诲，后来由于编辑《沉钟》，所以与鲁迅的交往稍多。可能是受鲁迅的影响，杨晦在精神气质上很像鲁迅。而且在外貌上，也有几分相似。杨晦身形瘦小，衣着简朴，几乎大部分时间都穿着一件灰色的中山装。清癯的脸庞，短而挺直的华发，眼睛不大，但炯炯有神，笑容平和而慈祥。这一切，让每一个曾经受教的年轻学子印象深刻。杨晦把继承和发扬鲁迅的奋斗精神当作毕生的事业。他在《鲁迅百周年纪念随想》一文中，阐发并张扬鲁迅的“硬骨头”精神，他认为最能代表鲁迅精神的是当年鲁迅出殡时送葬人群唱的一句哀歌：“一生到老志不屈。”那时，正是一个燥热的深秋时节，送葬的人群成千上万，大家流着汗和泪，踏着沉重的脚步，一边走一边吟唱着哀歌。杨晦和一个朋友也抬着花圈走在被悲伤完全笼罩的行列中，心里无限的沉痛。40 多年之后，杨晦虽然记不起哀歌的曲调，但是这句歌词却深深地留在记忆中。在杨晦看来，“一生到老志不屈”准确地概括了鲁迅毕生不屈不挠地探求真理的伟大精神①，他把鲁迅看成青年一代的精神导师②。事实上，这句话用在杨晦身上也是非常合适的。

鲁迅的一生，是战斗的一生，也是追求并坚持真理的一生。杨晦身上，留有鲁迅的遗风。杨晦性情耿直，光明磊落，对不合理的观点和行为，他敢于据理直言。也因此，杨晦遭到了一些人的攻击和批判，但他并不屈服，始终坚守着自己的学术良心和道德底线。作为火烧赵家楼的五四英雄，杨晦对旧社会黑暗势力的批判是非常有力而且持久的。新中国成立以后，杨晦和其他知识分子一样，被政治的漩涡无情地裹挟着。但他始终保持清醒的头脑，不遗余力地捍卫着学术与真理的生命。

在1951年的知识分子思想改造的运动中，杨晦因为谈论解放区文学时用了“农民文学”的说法而受到了胡乔木的公开批评，说“某教授还大讲农民文学”，要求杨晦检查。但是，杨晦坚持认为，提倡文学为农民服务没有错，所以他没有做检查。1958年，北大哲学系有一位教师写了一张关于杨晦的

---

①杨晦：《鲁迅百周年纪念随想》，《杨晦文学论集》，第489页。

②杨晦：《一生到老志不屈——纪念鲁迅先生》，《杨晦文学论集》，第62页。

大字报，刊印在铅印的“大字报选”中，特别显眼。内容是“火烧”杨晦。大字报认为，杨晦作为全国最高学府的资深教授，对新中国成立后历次文艺思想斗争都抱着消极态度，对批判《武训传》《红楼梦研究》、“胡风集团”、“反右”等全国性的批判运动不是“按兵不动”，就是“沉默不语”，或者“无声无息”，没有写文章参加斗争①。

>>20 世纪 70 年代末摄于家中

①段宝林：《回忆恩师——纪念杨晦先生 100 年华诞》，《杨晦先生纪念集》，第 262 页。

1961年前后可能是杨晦心情最舒畅的时期。那时中央在广州召开了几次座谈会，为知识分子脱去“资产阶级”的帽子，冠以“劳动人民”的称号，这大大调动了知识分子的积极性。这个时候，高教系统也总结了1958年“大跃进”的经验教训，制定了《高教六十条》，并予以贯彻落实。但是好景不长，没过两年，全国又重新强调阶级斗争。1964年暑假，北京大学党委为了贯彻当时对知识分子和教育文化估计错误的“左”的路线，曾召集党员干部在十三陵北大分校集中学习，许多人又在会议上检查所谓的“右倾”思想。杨晦对这种做法非常不满，认为这样做扰乱了正常的教学秩序，也使得大家无法安心治学。因此，杨晦没有随声附和，而是搬出《高教六十条》据理力争，一条一条地引证，以具体的事实来说明，当务之急是要落实教学措施，而不是“反右”。他还为党外人士吴小如先生辩护，认为吴小如在中文系开设的“工具书使用法”等课程非常有用，为高教事业立了大功，吴先生也属于“劳动人民知识分子”之列。杨晦的发言被摘录在《简报》上，成了批判他的证据。北大“社教”运动的第二年，在北大燕南园63号召开的整风会议上，杨晦的这次发言又被拿出来，他被集中批判了十多天①。杨晦这段时期心里非常痛苦，几乎到了崩溃的边缘，他曾对学生说，每次站在家中二楼的阳台上，自己不敢往下看，可以想象那个时候杨晦受到了多大的身心折磨，内心又承受了多大的压力！但是，杨晦并没有向错误观点低头，始终坚持自己的主张。60年代，在北大中文系举办的书法展上，杨晦书写了一副对联：“铁肩担道义，妙手著文章。”这是他对自己的鞭策，也是他一生所认同并坚持的鲁迅“硬骨头”精神。

杨晦虽是北大中文系主任，又是一级教授，但他待人谦和朴实，丝毫没

①严家炎：《在我记忆中的慧修师》，《杨晦先生纪念集》，第186页。

有架子,堪称“布衣学者”。特别是他对待青年后进显得非常有耐心,就像“老母鸡”保护“鸡雏”一样极力呵护着他们。在北大中文系的教师中,他与学生的接触最多,经常与学生交流谈心,有时候还到学生宿舍坐坐。而学生也时常去他家做客,这种学生满屋的情景早在重庆中大时就开始了,在北大任教时,杨晦住在绿树掩映、幽雅静谧的燕东园,这栋别墅式的小楼时常有学生来光顾。碰到学生有急难的,他马上想办法解决,甚至慷慨解囊,无私援助。北大中文系五三级有一个学生叫李行健,到校后不久查出来有肺结核,需要休学。但是他家里特别困难,希望留校一边治疗一边学习。本来他可以申请到学校“肺病健康促进会”去住宿,但这个组织容纳不了太多的人,因而没有去成。而学校这边又停发助学金,限期他回家。经同学提醒,他硬着头皮去找系主任杨晦。杨晦耐心地听学生说了他的情况,听说后天就要停伙了,杨晦激动起来,说今天是人民的国家,不能这样对待学生,并安慰学生不要着急,他会尽量解决。随即他吩咐中文系工作人员与学校有关部门取得联系,很快就解决了。李行健感动得流下了眼泪。杨晦联想到自己在旧社会的艰难困苦,说今天不能这样对待学生,说到动情时,竟然满脸泪痕①。

新中国成立后北大中文系的第五任主任费振刚先生在纪念杨晦的文章里动情地讲述了他就读北大中文系期间与杨晦先生的一次难忘的邂逅。那是1956年秋的一个星期天下午,费振刚去北大邮局取家里寄来的生活费,并顺便在旁边的教师理发馆理发。当跨进理发馆时,他眼睛突然一亮,一股热流涌上心头,仰慕已久的中文系主任杨晦正坐在理发椅上理发。费振刚走到杨晦的椅子后面恭敬地行了礼,怯生生地叫了声“杨先生”!杨晦也从对

---

①李行健:《未名湖畔往事和记忆中的杨晦先生》,《中国教育报》2008年11月14日。

面的镜子里发现了，向他微笑点头。费振刚随后也理发，因为椅子隔得较远，杨晦什么时候走的，他没有觉察，当费振刚理完发付钱时，师傅告诉他："你不用付钱了，你的老师已预先替你付了。"费振刚霎时怔住了，他快步走出理发馆，走出小东门，顺着成府的街道，向燕东园的方向望去，可是已经不见了杨晦的身影。费振刚站了许久，为这一次短暂的会面所感动，虽然没有交谈一句话，但他却体会到了父子般的师生情意[①]。

对杨晦感念最深的，恐怕要算他的副博士研究生胡经之了。胡经之1952年从江苏考入北大中文系，入学后担任杨晦《文学概论》的课代表，与杨晦的接触稍多。也因为杨晦的关系，胡经之认识了何其芳、蔡仪、朱光潜、冯至等学术前辈。1954年，北大办文艺理论研究班，经过杨晦的特许，胡经之也去听课，受益颇大。1955年底，经周总理批准，要从北大、复旦等高校抽调一批即将毕业的优秀学生，提前半年毕业，到中国人民大学马列主义研究班当研究生，以加强全国高校的思想教育。胡经之被选中了，虽然不太愿意，但是只好服从。因为时间很紧，胡经之来不及向师长告别。到1956年春夏之交，国务院颁发公告，中国试行副博士学位制度，在秋季首次招收副博士研究生，学制四年。不久，北大公布了副博士学位的专业目录，杨晦是文艺学专业的导师。得知这一消息后，胡经之马上到杨晦家里，请求帮助。当杨晦得知胡经之已经不在北大，思索良久，最后说："我不知道你已走，我希望你回来，但有些麻烦。我会尽量帮你，让北大中文系接收你回来，作为应届毕业生重新分配工作，留下来当副博士研究生。但人民大学要肯放，不肯放就麻烦了，你要想办法让他们放。"胡经之回去之后找了中南海的严慰冰，事情很顺利地解决了。六月份，胡经之回到北大中文系，在文艺理论教研室当

---

①费振刚：《我心中的"史迹碑"》，《杨晦先生纪念集》，第228页。

助教,到新学期开始,再转为副博士研究生。到研究生毕业时,胡经之的父母希望他回南方工作。他的未婚妻张景贤在辽宁大学工作,无法调动,所以又动员他去辽大,一时间胡经之无法抉择。那个时候,北大文艺理论教研室人员青黄不接,杨晦非常想让胡经之留在北大。他对胡经之语重心长地说:"做学问需要一个安定的环境,机缘可遇而不可求。我前半生大多在为生活而奔波,不能专心做学问。你现在的条件好多了,应该珍视。你不是想研究文艺美学吗?朱光潜、宗白华几位先生都在这里,可以常请教,还是留下来吧!你爱人的调动,我一定要学校优先解决。"胡经之非常感动,下决心留在北大。1961年,胡经之被派往中央党校编写蔡仪主持的《文学概论》,要待上好几年。杨晦建议他和未婚妻当年五一结婚,这样其爱人的工作问题就好解决了。到1963年,胡经之回到北大,爱人也调过来了,他们搬进了清华园公寓,离杨晦住处不远①。在胡经之的人生道路上,杨晦是他受教最多、过往最密、对他影响最大的老师。胡经之对杨晦的感激和怀念是一辈子的。

二、耄颜赤子心

作为五四运动的闯将,杨晦一直秉承着追求独立、自由,提倡民主、科学的五四精神,这种精神贯穿了他的一生。新中国成立以后,每逢五四青年节,他都会接受邀请,为大家讲述五四运动的情况。他还为报刊撰写纪念五四运动的文章。他演讲时,总是谈李大钊、蔡元培、陈独秀、鲁迅,也谈北大的情况,但对自己参加火烧赵家楼的光辉事迹却只字不提。在回忆性的文章里,如确实要谈他自己的事迹,他也只是轻描淡写地说几句,好像那是微

---

①见胡经之:《诲人不倦启后人——怀念晦师》,《杨晦先生纪念集》,第188—197页。

>>20 世纪 80 年代初与旧友重逢

不足道的事情。他说："那会儿，思想也不是怎样明确，别人说去，我也跟着去了。那个运动，当时也不觉怎么的，时间越久，越觉得伟大。"①

杨晦一生遭遇并承受了非常多的苦难，但他仍然对生活保持一种热情。他是性情中人，很容易被美好的事情所感动，遇到高兴的事情，他爱笑，有时候便笑出了眼泪。看到自己的学生遇到困难，联想到自己曾经遭受过的种种艰难困苦，他就激动起来，以至于老泪纵横。有一次，学生临毕业，杨晦宣布分配名单。宣布前他把现在学生毕业就有国家包分配工作与他当年毕业就失业、到处找工作、受人白眼等情况进行对比，说着说着就动情地哭了起

①马嘶：《燕园师友记》，北京燕山出版社 1998 年版，第 25 页。

来。这使得学生的心灵受到了很大的震动,学生没有一个不服从分配的①。对待朋友,杨晦也是坦诚相待。在“大跃进”运动和“社教”运动中,杨晦不顾自己的艰难处境,站起来为游国恩、吴小如等中文系教授说话。在学生遇到急难的时候,杨晦极力帮助他们。但是,如果朋友、同事或者学生有什么不对的地方,他也会直接指出来,心里怎么想,嘴上就怎么说,没有什么隐瞒的,更不会在背后说别人的不是。特别是在学术上,杨晦强调学术面前人人平等,谁都有权坚持真理。他说:“宁可当面争得面红耳赤,而决不可在背后放冷箭伤人。”大概是在60年代,有一次,杨晦在好朋友蔡仪的家里共同讨论高教部委托修订的“文艺学引论”课程的教学大纲,结果他们两人发生了激烈的争论,各自旁征博引,都想说服对方,结果谁也说服不了谁。后来,两人越争越火,都较起真来了,最后杨晦竟然夹起包来要走。幸好当时有学生在场,把杨晦拉住了,差一点就闹得不欢而散了②。当然,争论归争论,他们之间的情感是非常纯真的,他们不仅没有什么私人的怨恨,相反,两人之间的关系还很不一般。蔡仪的夫人乔象钟是杨晦在中大时期的学生,她在上海的时候曾经被国民党特务追捕,是杨晦帮助她脱险的。而且,也是经杨晦的介绍,她才认识了蔡仪,并缔结美好姻缘。

杨晦的性格中有一种非常执着的东西,可能在当时的情形下,被学生或者同事看成固执或是迂腐。凡是杨晦认准了的事情,他一般不会轻易改变看法,哪怕这种坚持要付出身心俱伤的代价,他也决不低头。在那个动辄得咎、人人自危的年代,寻求保护似乎是人的一种本能。所以,怎样站队,怎样说话行事就变得非常重要了,远比心里怎样想要重要得多。所以,为了保护

---

①李行健:《未名湖畔往事和记忆中的杨晦先生》,《中国教育报》2008年11月14日。

②蔡厚示:《永恒的怀念——忆杨晦师》,《杨晦先生纪念集》,第253页。

自己，说假话、空话、奉承话、违心的话甚至是没有良心的话成了一种生存策略，大家都远离真话、实话、诚恳的话，更不敢批龙鳞、捋虎须。谁也不会傻到要去揭穿皇帝新装的秘密，就像故事里那个小孩一样。但是，杨晦似乎在政治上不太敏感，仍然保持着一种近乎孩子般的天真，坚持自己的立场和主张，因此屡屡遭受批判和迫害。“反右”开始后，当时一系列的学术批判运动杨晦几乎都没有参加，一篇文章也没有写。而且，正当姚文元等人在文艺批评界大出风头的时候，杨晦又在公开场合说了一些不合时宜的话，叫大家不要学姚文元不做学问，专搞政治思想批判。没想到杨晦鄙弃的姚文元在几年后摇身一变，成了中央“文革”小组成员。尽管姚文元没有闲工夫与一个垂垂老矣的学究先生较真，但是这些话足以构成杨晦修正主义罪状中的一条，有些别有用心的人死死揪住这些话不放，杨晦为此受了不少苦头。

在“文革”期间，杨晦以执行“资产阶级”教育路线的罪名遭受批判，在会上，杨晦竟然天真地为自己辩护，说了一些自己认为正确的话。造反派以滚雷般的声音高喊：“打倒杨晦！”老先生稀疏的白发被弄得凌乱不堪，杨晦还想继续争辩，造反派几乎怒不可遏，大声嚷着：“滚出去！”事实上，根本就没有人会听他争辩，因为他根本就没有发言权。最后，学生还算是比较客气地把他轰了出去，可是他还竟然舍不得离开，一边被拖着，嘴里还竭力叫着：“年轻人，我是爱你们的呀！”杨晦的眼里充满了伤心和疑惑，现在的世界怎么变得如此不可理解①。杨晦说这句话确实是出自真心的。在“社教”运动和“文革”中，他曾教过的一个研究生给上级写了控告信，说杨晦在教学中散布修正主义和人性论。打倒“四人帮”之后，杨晦却主动叫人带话给这位学生，叫他不必为此感到内疚，对教学中的意见，还可以随时提出，并表示师生

①参艾群：《笔走龙蛇》，群众出版社，2006年版，第4—5页。

关系一如既往。当时就有人不满，说这样对他太宽容了！杨晦却说："他是我的学生啊！学生有什么不对，是老师没有教育好。我怎么能站在对立面一味责怪学生呢？"[①]杨晦特别重感情，尤其是对待学生，就像是父母对待儿女一样。

从1965年开始，杨晦不再担任北大中文系主任之职，他基本上是赋闲在家。这期间虽然遭受了种种磨难，但仍然坚持学习。为了更好地理解马克思主义，他开始学习德文。到了后期，杨晦因患白内障，视力越来越差了，到1972年的时候，眼疾逐渐加重，几乎失明。后经过手术，视力得到部分恢复。杨晦很高兴，继续阅读，伏案写作，并且还与人合作指导研究生。视力虽然恢复了一点，但是稍微小一点的字就要借助放大镜看。这样的状况持续了10年。到1982年11月，杨晦患了肺炎，住院治疗；1983年1月，再次住院；出院后又继续写作，并外出参加会议。5月，杨晦的肺炎复发，14日逝世，终年84岁。

晚年的杨晦始终坚持一个人生信念："把路走到底。"就像鲁迅当年"一生到老志不屈"一样。杨晦与20世纪同龄，他的一生，可谓"半生寂寞半悲辛"。"半生寂寞"是胡乔木对杨晦新中国成立后到逝世这段人生经历的评价，"半悲辛"可以概括杨晦大学毕业后到新中国成立前这段辗转流亡的岁月。杨晦就像是一个苦行者，朝着自己的理想不断地坚持走下去，哪怕他这样做有点不合时宜，他也不轻言放弃。纵观杨晦的一生，他是"寂寞"的。这种"寂寞"，不是因为别人不知道他，而是来自杨晦的心灵深处。尽管杨晦"桃李越三千，海内遍知己"，但是他的挣扎、奋斗和奉献多半与时代的大情势相龃龉甚至相冲突。杨晦原名兴栋，寓意很明显，希望能够做国家的栋

①杨镰：《回忆我的父亲杨晦》，《杨晦先生纪念集》，第295页。

梁，振国兴邦。但他很快改名为“晦”，所谓“晦”，就是“昏暗”“不显”的意思。从改名这件事，我们可以揣摩到杨晦的内心世界。一方面，杨晦痛感社会的黑暗；但同时，杨晦也看到，要改变这个社会，必须潜下心来默默苦干才行，不要追求个人名声的光环。也因此，杨晦几乎从来不在人前提他参与“火烧赵家楼”的事情。几十年来，杨晦就是这样坚持过来的，他不求闻达，也不求厚报。他就是默默地苦行着，发着光，散着热。在早年的时候，杨晦就像是普罗米修斯，不畏强权和艰险盗取革命的火种来拯救世人；到后期，杨晦更像是唐玄奘，始终朝着心中的理想圣地默默独行。

然而，杨晦的“寂寞”不应该成为我们遗忘的借口。他的勇毅、坚执和宽博培养并最终成就了他的德性；从教六十余载，门下英才辈出，功业甚伟；著述虽不甚丰，亦多为“积久发深”之作；其才情纵横，博学多识，眼光独到，理论宏富，堪为当时之鸿论。古人说：“太上有立德，其次有立功，其次有立言，此之谓三不朽。”杨晦德、功、言皆有所立，其庶几可不朽欤？

结 语

作为一个与时代同步的世纪学人，杨晦不仅见证了20世纪中国社会变迁的历史进程，同时还见证并参与了中国现代学术产生发展的各个环节。或者说，从杨晦这里，我们可以获得一个窗口，从中可以窥见20世纪中国学术现代化的演进轨迹。杨晦是一个清醒的现实主义者，但又与各种机械的、独断的“现实主义”保持必要的距离。杨晦的学术不仅来自对中外学术传统本身的吸纳和承接，还植根于百年中国现代化的社会历史大情势之中。在近半个世纪的社会陶冶和学术锻造中，杨晦形成了自己独立的学术思想与品格。杨晦早年对西学用功颇多，后期又转向国学研究，这使他获得了开放而完备的学术视野与理论资源。也因此，在面对现实问题时，他既能够立足本土但又不株守一隅，在彰显时代特色的同时又能做出前瞻性的思考。可以说，他的学术思想兼具民族性与世界性，既具有时代感又具有现代意义。在60多年的学术生涯中，杨晦将创作、翻译、批评、文论、哲学、历史融为一炉，中西汇通，博观约取，自铸伟词，显示了老一辈文艺理论家的学术襟怀与思想风范。

与同时代其他理论家专注于理论的探索和建构不一样，杨晦始终将社会现实作为自己学术展开的逻辑起点与价值鹄的。这一选择绝不是杨晦一时的心血来潮，而是他在几十年的现实磨炼和思想反刍中不断坚定的学术立场。这一立场既是百年中国的苦难现实催迫所致，也是杨晦自己的身份认同与性格气质的因素使然。杨晦学术的最终动机可以归结为对中国社会种种现实问题的反思与应对，企图通过文艺（文化）的方式去拨动社会变革发展的重要机关。从五四运动开始到20世纪30年代末，杨晦一直积极投身到重大的社会活动当中，以满腔的热忱担当中国知识分子的社会历史使命。所以，杨晦早年创办《沉钟》，创作剧本并译介西方作品，一方面是为了解决知识分子的精神出路问题，另一方面是回应社会变革过程中提出的种种现实问题。这段时期，杨晦可谓“铁肩担道义，妙手著文章”，精神上虽然免不了迷茫甚至痛苦，但在鲁迅等精神导师的引领下，逐渐在现实的颠仆摸爬中找到了自己前进的方向。

杨晦早年就钟情于戏剧，或许这与戏剧的社会教化功能更为突出有关。戏剧构成了杨晦学术生涯的重要内容，包括后面的翻译、批评、理论研究等，都以戏剧为主。20世纪20—30年代，杨晦与陈炜谟、陈翔鹤、冯至创办沉钟社，他们以《沉钟》作为学术平台，通过创作和翻译去求证文学艺术的“真”与“美”，并试图借文学艺术来救治社会。在此期间，杨晦自己的“散文化”的戏剧也给当时的剧坛留下了非常好的印象。但整体而言，这段时期的文艺活动并未取得多大的社会效应，因为尽管他们对艺术抱有虔诚的信仰和价值期待，但对现实问题却始终三缄其口，没有发出自己的声音。抗日战争爆发后，杨晦的思想观念发生了较大的转变，从纯粹的文学创作转向了文艺批评。尽管这个时期他也从事翻译活动，但多受社会现实的触动引发，所选择的作品也带有丰富的社会意蕴和明确的现实指向。应该说，杨晦的翻译之功是不可忽视的，他所翻译的《被幽囚的普罗密修士》是国内最早的古希腊悲剧译作，《悲多汶传》《雅典人台满》也是国内较早面世的完整中译本，这在中国现代文学翻译史上具有一种拓荒意义。

20世纪40年代，杨晦是以民主教授与理论批评家的双重身份跻身于学术界的。早在抗战时期，杨晦就开始逐步接受马克思主义。事实上，这个时期的马克思主义只是众多理论思潮中的一种，而且尚未被意识形态化，因此对知识分子并不具有束缚力。杨晦在这个时期主动选择马克思主义，首先是受严峻的社会形势的影响，同时也显示了他的学术眼光与理论勇气。这个时期，杨晦的译事与批评同步进行，作品翻译之后就对其进行评论，二者相得益彰。作为一个批评家，杨晦的视野是广博的，他评论的作家作品兼涉古今中西，尤其是对中国文坛颇有影响的作家，杨晦更是认真对待。从他的批评理路和价值取向中不难发现，杨晦并没有对中外名家名作进行全息性的论析，而是重点锁定作品的社会历史维度进行深度刨掘，因此，无论是莎士比亚、罗曼·罗兰、梅特林克、高尔基、屠格涅夫、左拉、笛福等世界名家，还是中国的曹禺、沙汀等新锐作家，杨晦都基本上依照同样的思路进行评价和定位。从批评的话语中可以见出杨晦对文艺社会功能价值的急切诉求以及对作家社会责任担当的强烈期望。现在来看,这样做的结果是利弊参半的。其利表现在,批评家能够唤醒并激发作家的现实感和使命感,促使其创作出反映现实问题且具有历史深度的经典作品。但弊端在于,这种纯社会学的视角遮蔽了文艺批评的其他维度,尤其是审美维度。这使得批评在追求深刻的同时很容易滑向片面,缩小了自己的回旋余地。正是基于对中外作家作品深度的社会历史批评,杨晦在20世纪40年代中后期开始对文艺理论的重大问题展开思考。从其理论探究的动机和实绩来看,杨晦可以称得上是中国现代文论的拓荒者。他所面临的任务是,如何将中国文论从传统的诗学模式中剥离出来,主要内容包括文学观念、思维方式、研究范式、话语方式等。同时,启用某种新的理论资源与方法,将文艺与社会时代紧密结合起来,积极应对并解答各种现实问题,在此基础上,对以上理论诸问题进行反思和重建。但由于种种原因,杨晦这个时期的理论建构并未达到一种圆融之境,常于某些独见的思想闪光中显出理论的偏执与罅漏。比如,尽管其提出了"文艺的公转自转说",也申明了二者之间的辩证关系,但在论述具体问题时又时常不自觉地将文艺"自转"等同于"形式主义",因而在强调文艺围绕社会"公转"的同时,忽略了对文艺"自转律"的拓展性研究。当然,瑕不掩瑜,杨晦这个时期文艺理论建设的成就还是非常突出的,是马克思主义理论与中国文艺实际相结合的重要理论成果。相较而言,到20世纪60年代,杨晦的文艺理论思想才真正达到完善。遗憾的是,这个时期杨晦反而没有长篇论文或著述去整理这些文论思想,这些成熟的思考多从其给学生的上课讲稿或复习指导中体现出来。他给学生开出的文艺理论复习提纲("二十五问")非常全面,包括文学的本质、作品的内容与形式、世界观与创作方法、主题与题材、典型与形象、现实主义与浪漫主义、文学的功用、文学的发展、文学批评的标准等问题,几乎可以看作一本文论教材的目录。从学生的上课记录可以看到,杨晦这一时期的学术视野更为开阔,他力避本本主义,敢于怀疑,不迷信权威,强调独立思考。比如其对文学风格、美的属性等问题的思考,就是现在来看,仍然具有理论新意。可以毫无疑义地说,杨晦的文艺理论思想具备一种开放性的现代学术品格。

正是出于对苏联权威理论掌控中国文论界的一种反拨,杨晦于60年代转向了对中国古代文艺思想史和元曲的研究。这既是对前期文艺思想的深化与运用,也是杨晦开辟的一个全新的学术畛域。特别是他关于建设"中国古代文艺思想史"学科的宏大构想,可以说前无古人,后乏来者。所幸在他的带领和培育下,北大中文系古代文论学科已经逐渐建设并壮大起来。杨晦的元曲研究是其后期学术生涯中的重要理论成果,他围绕关汉卿的思想与艺术成就以及《西厢记》的作者问题展开深入探究,所撰文章建立在大量资料文献的基础之上,通过详尽密实的考辩论证,使这一学界聚讼纷纭的问题逐步明朗化,在戏剧界产生了重要的学术影响。

杨晦治学,一如其为人,唯在求诚。孟子有言:"反身而诚,乐莫大焉。"杨晦一生,不欺人,不自欺,反躬自省,俯仰无愧,是为"诚"。以这种"诚"的精神高度去治学育人,便外显为"勤、谨、和、缓"的问学之道与"正心诚意"的教育旨归。杨晦晚年,摒弃他骛,专情于滋兰树蕙,当今学界俊能多出自他的门下,其学问践行,两相补益,融为一体,斯为"仁"矣。

杨晦先生年谱简编

1899 年(出生)

3 月 25 日生于辽宁省辽阳县小营盘村一个农民家庭。原名杨兴栋,号慧修。

1917 年(18 岁)

夏季考入北京大学哲学门,与朱自清、陈公博等人同班,此间曾入新闻研究会。

1919 年(20 岁)

参加五四运动,与许德珩等人为第一批冲进赵家楼者。

1921 年(22 岁)

撰《奉天教育之真相》一文,载 2 月 1—3 日北京《晨报》。先后到太原国民师范、河北省定县省立第九中学教书。同年更名为杨晦。

1922 年(23 岁)

创作五幕社会问题剧《谁的罪》,演出后陈大悲来信祝贺。

1923 年(24 岁)

年初赴厦门集美大学任教;夏,离开该校回北京。创作四幕话剧《来客》,载 11 月 2—18 日《晨报》副刊。

1925 年(26 岁)

夏,与陈翔鹤、陈炜谟、冯至商定出版《沉钟》周刊,10 月 25 日创刊。撰《沉钟》一文,载《沉钟》周刊第 1—2 期;转译罗曼·罗兰的《悲多汶传》,载《沉钟》第 1、3、4、6、7 期。

1926 年(27 岁)

撰神话剧《苦泪树》,载《沉钟》周刊第 10 期;撰独幕剧《笑的泪》《庆满月》《磨镜》《老树的荫凉下面》《除夕》,分别载《沉钟》半月刊第 1、4、6、8、10 期;秋,到天津中日中学教书。

1927 年(28 岁)

撰《普罗密修士》一文,载《沉钟》半月刊第 12 期;翻译爱伦·坡长诗《钟》《乌鸦》,载《沉钟》特刊。春,到北京女子师范大学教书。7 月,转译的《悲多汶传》,由北新书局(北京)出版,为"沉钟丛刊"之三。

1928 年(29 岁)

秋,到北京成达中学教书。11 月,受沈尹默委托主编《新中华报》文艺副刊。

1929 年(30 岁)

1 月,受沈尹默委托主编《华北日报》文艺副刊。7 月,遵鲁迅建议自英文转译莱蒙托夫的长篇小说《当代英雄》,连载于 7—10 月《华北日报》副刊,署名寿山。8 月,独幕剧集《除夕及其他》由沉钟社出版,为"沉钟丛刊"之五。11 月,转译古希腊埃斯基拉的悲剧《被幽囚的普罗密修士》,载 11—12 月《华北日报》副刊。

1930 年(31 岁)

春,任青岛大学讲师。7 月,《当代英雄》由北新书局出版。秋,任教于北京孔德学校。

1932 年(33 岁)

8 月,《被幽囚的普罗密修士》由人文书店出版。10 月,《沉钟》半月刊复刊。

1933 年(34 岁)

10 月,撰五幕历史剧《楚灵王》,载《沉钟》半月刊第 25、26、27、29、30 期。

1934 年(35 岁)

1 月,译柏拉图问答之一《埃昂》,载《沉钟》半月刊第 31 期。

1935 年(36 岁)

5 月,《楚灵王》由商务印书馆出版;秋,翻译莫里哀作品集,后译稿毁于战火,未出版。

1938 年(39 岁)

夏,经浙江金华到江西赣州后离开同济附中。秋冬,流亡于武汉、长沙、湘乡、衡阳、桂林等地。

1939 年(40 岁)

先后任教于桂林女子中学、桂林两江师范学校。10 月,加入中华全国文艺界抗敌协会桂林分会,任候补理事。

1940 年(41 岁)

5 月,在广东曲江参加“作家战地考察团”赴粤北前线考察。夏,参加曲江木刻分会成立会并致辞。撰《木刻运动的意义及其前途》《木刻杂谈》等文。9 月,撰《流亡、〈流亡曲〉与我的故乡》一文。10 月,撰《一生到老志不屈》一文。12 月,撰《艺术之宫的陷落——由梅特林克的逃亡说起》一文。冬,客居于广东乐昌新农林场。

1941 年(42 岁)

夏,取道桂林、成都,前往陕西城固,任西北大学中文系教授。

1943 年(44 岁)

9—10 月,翻译莎士比亚的《雅典人台满》;年末,离开陕南到达重庆。

1944 年(45 岁)

经吴组缃介绍任中央大学国文系教授。9 月,撰批评长文《曹禺论》,载《青年文艺》新 1 卷第 4 期。10 月,译作《雅典人台满》由重庆新地出版社出版;撰《屠格涅夫的〈父与子〉》《高尔基的〈母亲〉》《左拉的〈萌芽〉》等文。

1945 年(46 岁)

1 月,撰《沙汀创作的起点和方向》,载《青年文艺》新 1 卷第 6 期。4 月,在中央大学作题为《文艺与民主》的演讲。秋,加入"东北文化协会"和"东北政治建设协会",任常务理事。

1946 年(47 岁)

5 月 4 日,参加中华全国文艺协会总会庆祝五四文艺节大会,任大会主席团成员,并演讲。夏,随中大复员到南京,遭解聘。秋,受陈鹤琴聘请,任上海幼稚师范专科学校教授。

1947 年(48 岁)

年初,与郭沫若、陈白尘共同主编《文汇报》《新文艺》周刊;撰《京派与海派》《论战与团结》《罗曼·罗兰的道路》《论文艺运动与社会运动》等文。秋,与许杰、蔡仪等共同编辑出版文艺刊物《论小资产阶级与文艺》。

1948 年(49 岁)

1 月,撰《中国新文艺发展的道路》一文,载《文讯》第 8 卷 2 期。3 月,上海文艺界同仁、朋友为其举行生日庆祝会,朱自清寄来贺信。8 月,参加朱自清追悼会并发言,撰《追悼朱自清学长》一文。

1949 年(50 岁)

4 月,文学论集《文艺与社会》由上海中兴出版社出版。4 月 27 日,自香港乘船北上。7 月，出席中华全国文学艺术工作者代表大会，为大会主席团成员，担任大会章程及重要文件起草委员会和提案整理委员会委员。当选为中华全国文学工作者协会全国委员会委员。秋，任北京大学中文系教授。同时被聘为清华大学、辅仁大学兼任教授。

1950 年(51 岁)

6 月，加入中国共产党。被聘为文化部文学研究所筹备委员会委员。秋，担任北大中文系系主任，直到“文革”开始。12 月，兼任北京大学副教务长。参与院系调整及迁校工作。

1953 年(54 岁)

9—10 月间，出席中华全国文学艺术工作者第二次代表大会，当选为中国作家协会理事。

1954 年(55 岁)

春，主持北京大学中文系文艺理论研究班。

1956 年(57 岁)

4—7 月，作为中国作协代表赴捷克斯洛伐克，出席捷克斯洛伐克作家代表大会，并访问苏联和波兰。

1957 年(58 岁)

担任《北京大学人文科学学报》副主编，任文学研究所《文学研究》编委。

1958 年(59 岁)

撰《论关汉卿》《再论关汉卿》两篇长文，分别载《文学研究》1958 年第 2 期、《北京大学学报》(人文科学版)1958 年第 3 期。5 月，撰《关于现实主义问题》一文。12 月，撰《革命的现实主义和革命的浪漫主义相结合与时代的关系》一文。

1959 年(60 岁)

年初,撰《五四运动与北京大学》一文。5 月,撰《关于现实主义与反现实主义问题论纲》一文。秋,致力于中国古代文艺思想史研究,开设相关课程。

1961 年(62 岁)

2 月,主持中国文艺思想史讲座,并讲授《礼记·乐记》专题。

1966 年(67 岁)

春夏之交,“文化大革命”开始,受到冲击。

1979 年(80 岁)

年初,任北京市政协委员。3 月,参加陈翔鹤追悼会,撰《怀念陈翔鹤同志》一文。4 月,受聘为北京大学学术委员会委员。秋,与吕德申共同指导 4 名文艺学研究生。11 月,出席全国第四次文艺工作者代表大会。担任鲁迅研究学会理事。

1980 年(81 岁)

6 月,出席北京市文学艺术工作者第四次代表大会,任北京市文联第四届理事会理事。

1981 年(82 岁)

参加鲁迅诞辰 100 周年纪念会,撰《鲁迅百年纪念随想》一文。

1983 年(84 岁)

2 月,撰《关于文学翻译的三言两语》。5 月,肺炎复发。5 月 14 日逝世。

(说明:此年谱以杨铸先生所编杨晦年谱为蓝本,内容有所省减,详见《中国新文论的拓荒与探索——杨晦先生纪念集》,北京大学出版社 2001 年版,第 307—318 页。)

参考文献

一、杨晦著作

杨晦:《除夕及其他》(“沉钟丛刊”之五),北平:沉钟社 1929 年版。

杨晦:《楚灵王》,上海:商务印书馆,1935 年版。

〔法〕罗曼·罗兰著,杨晦转译:《悲多汶传》,北平:北新书局 1927 年版。

〔俄〕莱蒙托夫著,杨晦译:《当代英雄》,北平:北新书局 1930 年版。

〔古希腊〕埃斯基拉著,杨晦转译:《被幽囚的普罗密修士》,北平:人文书店出版社 1932 年版。

〔英〕莎士比亚著,杨晦译:《雅典人台满》,重庆:新地出版社 1944 年版。

杨晦:《文艺与社会》,上海:中兴出版社 1949 年版。

吴泰昌编:《杨晦选集》,上海:上海文艺出版社 1987 年版。

《杨晦选集》(一卷本),成都:四川文艺出版社 1988 年版。

杨晦:《杨晦文学论集》,北京:北京大学出版社 1985 年版。

二、研究著作

北京大学中文系文艺理论教研室:《中国新文论的拓荒与探索——杨晦

先生纪念集》，北京：北京大学出版社 2001 年版。

陈永志：《灵魂溶于文学的一群——论浅草社、沉钟社》，上海：华东师范大学出版社 1995 年版。

凌玉建：《寂寞的苦行——杨晦理论批评性格论略》，北京：北京大学中文系 2008 届文艺学专业硕士学位论文，藏北京大学图书馆学位论文室。

裴必玉：《试论杨晦的文艺理论思想》，北京：北京大学中文系 2005 届文艺学专业硕士学位论文，藏北京大学图书馆学位论文室。

马嘶：《燕园师友记》，北京：北京燕山出版社 1998 年版。

三、其他相关著作

《鲁迅回忆录》，上海：上海文艺出版社 1979 年版。

《鲁迅全集》，北京：人民文学出版社 2005 年版。

《中国新文学大系·史料·索引》，上海：上海文艺出版社 2003 年版。

黄曼君编：《中国近百年文学理论批评史》，武汉：湖北教育出版社 1997 年版。

罗念生：《论古希腊戏剧》，北京：中国戏剧出版社 1985 年版。

吴中杰：《中国现代文艺思潮史》，上海：复旦大学出版社 1996 年版。

温儒敏：《新文学现实主义的流变》，北京：北京大学出版社 2007 年版。

温儒敏：《中国现代文学批评史》，北京：北京大学出版社 1993 年版。

《中国文艺思想史论丛》，北京：北京大学出版社 1985 年版。

吕荧：《吕荧文艺与美学论集》，上海：上海文艺出版社 1984 年版。

四、研究论文

《杨晦同志追悼会悼词》,《新文学史料》1983 年第 3 期。

戴言:《杨晦小传》,《社会科学辑刊》1986 年第 3 期。

吕德申:《“工作第一,党的事业第一”——怀念杨晦同志》,《前线》1987 年第 8 期。

杨铸:《沉钟社通信选——致杨晦》,《新文学史料》1987 年第 3、4 期,1988 年第 1、2、3 期。

张晓萃:《沉钟社始末》,《新文学史料》1987 年第 3 期。

张兴成:《杨晦学术思想研讨会综述》,《文艺研究》1999 年第 5 期。

杨星映:《开启理论宝库的钥匙——杨晦治学方法的启示》,《文艺理论与批评》2000 年第 1 期。

孙玉石:《论杨晦的文艺思想和文学批评》,《中国现代文学研究丛刊》2000 年第 1 期。

董学文:《杨晦及其文艺理论思想》,《学术界》2000 年第 4 期。

胡经之:《诲人不倦启后进——我的老师杨晦》,《文教资料》2000 年第 2 期。

毛庆耆:《杨晦的文艺“公转”“自转”说》,《文教资料》2001 年第 2 期。

方雪松:《文章合为世而作——〈中国新文论的拓荒与探索——杨晦先生纪念集〉读后》,《北京大学学报》2003 年第 2 期。

李世涛:《杨晦、周扬与文学理论教材建设——胡经之先生访谈录》,《云梦学刊》2006 年第 3 期。

董学文:《论杨晦文艺思想的特色及其构成》,《北京社会科学》2008 年第6期。

董学文:《我心目中的杨晦先生——试谈他的理论性格和学术风骨》,《高校理论战线》2010年第4期。

后 记

早在几年前，我在北京大学中文系读书时就常听师友们谈论杨晦先生，那时候觉得杨先生不仅学问大，资历高，而且人生经历丰富，颇有几分传奇色彩。不想毕业后竟然有机会近距离接触这位一度让自己有高山仰止之感的世纪学人。

《杨晦评传》是王岳川先生主编的“中国当代美学家文论家评传”丛书中的一本。该书初稿已于2009年底完成，原定由浙江工商大学出版社统一推出，但因丛书各书稿进度不一，该计划曾一度搁浅。后经王岳川先生多方努力，改由黄山书社出版，评传的宗旨也由突出通识性与大众性转向强调学术性与思想性，遵照出版社与业师的意见，本书修改成现在这个样子。

在60多年的学术研究与教学生涯中，杨晦在创作、翻译、批评、理论研究、教育等方面都做出了突出的成就。评传主要围绕这几个方面，在史料爬梳与文本细读的基础上，对传主的学术思想展开集中而充分的评析。特别是杨晦的外国文学翻译与中国古典学术研究，此前学界少有人问津，评传于此用力稍多。在写作过程中，本书力求将历史与逻辑的方法结合起来，一方面对传主在中国现代学术演进历程中所处的位置和影响进行分析评述，另一方面综合考察传主在各个领域的学术经历与成就，借以归纳传主的学术性格与思想特质。

评传的写作与修改，得到了业师王岳川先生的鼓励与支持。在酝酿写作的过程中，老师的及时点拨为书稿的撰写提供了方向性的指导。同时，杨晦先生之子、现为北大中文系教授的杨铸先生对我写作本书也给予了大力支持和无私帮助。他不仅多次慷慨惠赠一些重要的文献资料，提供珍贵的照片，还多次耐心地解答我的一些疑难问题。此外，我的博士师弟胡淼森君亦为本书查找资料图片，出力不少。同时，还要特别提到浙江工商大学出版社的尤锡麟先生，他为拙著投入了很多的时间和心血，提出了许多宝贵的修改意见。人民出版社的编辑胡喜云先生也为本书付出了不少的努力。书稿中的部分内容曾以专题论文的形式发表于《文史哲》《江西师范大学学报》等刊物，并引起了一定的反响。在此，谨对以上诸位老师和朋友的关怀支持一并致以诚挚的谢意！在当今学术著作市场前景不佳的情况下，本书最终能被黄山书社接纳出版，的确让我深感庆幸。

由于作者学术视野与水平等方面的局限，本书肯定还存在一些不尽如人意的地方，敬请方家指正！

詹冬华

2012 年 3 月 24 日于南昌

2015 年 8 月 15 日改定